C.H.BECK WISSEN

Überall auf der Welt gilt die SS als Synonym für das Böse schlechthin. Ihr Anteil an der Ermordung der europäischen Juden ist unvergessen. Doch wie genau entstand der «Schwarze Orden» und woraus speiste sich seine Ideologie? Auf dem neuesten Stand der Forschung führt Bastian Hein in die Geschichte des Staatsschutzkorps des Dritten Reichs ein, beschreibt die Entstehung der Organisation, ihren Kult sowie die Auslese des Personals und schildert die von der SS verübten Verbrechen.

Bastian Hein ist Privatdozent für Zeitgeschichte und hat über die Geschichte der SS habilitiert. Derzeit ist er Referent im Bundeskanzleramt.

Bastian Hein

DIE SS

Geschichte und Verbrechen

Verlag C.H.Beck

Für Biggi
60:40 – ein Leben lang

Mit 10 Abbildungen

Originalausgabe

Gesamtherstellung: Druckerei C.H.Beck, Nördlingen
Umschlagentwurf: Uwe Göbel, München
Printed in Germany
ISBN 978 3 406 67513 3

www.beck.de

Inhalt

I. Bescheidene Anfänge

1. Vom Stoßtrupp zur Schutzstaffel

Die SS – untrennbar ist diese Organisation mit der Ermordung der europäischen Juden, dem wohl größten Menschheitsverbrechen aller Zeiten verbunden. Kein Auto in Deutschland darf diese Buchstabenkombination im Nummernschild führen. Ihr altes Zeichen, die vermeintlich germanische doppelte «Sigrune», ist als verfassungsfeindliches Symbol verboten. Für Menschen auf der ganzen Welt ist Heinrich Himmlers «Orden unter dem Totenkopf» (Heinz Höhne) ein Synonym für das Böse schlechthin. In ihren Anfängen jedoch war Hitlers Schutzstaffel zunächst ein eher unscheinbares, beinahe «normales» Kind ihrer Zeit.

Denn als der Erste Weltkrieg 1918 mit der Niederlage der Mittelmächte endete, fiel die Aggressivität, die gegen die äußeren Feinde mobilisiert worden war, auf das politische Leben in Deutschland zurück. Auf die bewaffnete, aber alles in allem recht unblutige Novemberrevolution folgten seit Beginn des Jahres 1919 Umsturzversuche der radikalen Linken, als anstelle der von ihnen ersehnten sozialistischen Räterepublik eine liberale, parlamentarische Demokratie entstand. Die politisch vorwiegend rechtsstehenden Freikorps, die der Vorsitzende des Rats der Volksbeauftragten und spätere Reichspräsident, Friedrich Ebert, in dieser Situation zu Hilfe rief, schlugen diese Aufstände mit extremer Gewalt nieder.

Die hochgradige Militarisierung der deutschen Nachkriegsgesellschaft nahm zudem aufgrund einer «kompensatorischen Reaktion» (Hans Mommsen) auf die Abrüstungsbestimmungen des Versailler Vertrags weiter zu. Einerseits gab die Reichswehrführung zahlreiche Waffen an zivile Gruppierungen ab, um sie dem Zugriff der alliierten Rüstungskommissionen zu entziehen und sich inoffizielle Reserveeinheiten zu schaffen. Andererseits empfanden nicht wenige Deutsche, insbesondere Angehörige der Kriegsjugendgeneration, Bedauern über den Verlust des Militärdienstes als «Schule der Männlichkeit» bzw. «Schule der Nation». Entsprechend leicht waren sie für paramilitärische Organisationen zu begeistern. Nach der Auflösung der Soldatenräte und dem Verbot der Einwohnerwehren und Freikorps auf Druck der Siegermächte wurde eine Vielzahl von Wehr- und Selbstschutzverbänden jeder politischer Couleur gegründet: vom kommunistischen Rotfrontkämpferbund über das sozialdemokratisch geprägte Reichsbanner und den eher altkonservativen Stahlhelm bis hin zu rechtsextremen Gruppen wie der Organisation Consul oder dem Bund Oberland.

Die Tatsache, dass ausgerechnet die Nationalsozialisten nicht nur einen, sondern gleich zwei solcher Kampfbünde, die Sturmabteilung (SA) und die Schutzstaffel (SS), hervorbrachten, lag an mehreren Faktoren. Erstens war gerade in München, dem Geburtsort der NS-Bewegung, die post-revolutionäre Gewalt besonders ausgeprägt. Am 21. Februar 1919 ermordete der junge Graf Anton von Arco-Valley den Revolutionsführer Kurt Eisner. Am 7. April riefen daraufhin radikale Sozialisten um Ernst Toller und Erich Mühsam eine Räterepublik aus und stellten eine Rote Armee auf. Als diese Ende April, Anfang Mai von Freikorpstruppen unter der Führung Franz von Epps in die Enge gedrängt wurde, brachten die Revolutionäre einige bürgerliche Geiseln um. Die siegreichen Freikorps antworteten mit einer völlig unverhältnismäßigen Welle «weißen Terrors», der mehr als 300 Zivilisten zum Opfer fielen. In den folgenden Jahren gaben in München rechte Politiker wie Gustav von Kahr den Ton an und bemühten sich, Bayern zu einer «Ordnungszelle» gegen das aus ihrer Sicht allzu linke Berlin zu machen. Sie duldeten es, dass Epp und sein Stabschef Ernst Röhm aus der Reichswehr heraus gezielt das rechte paramilitärische Milieu aufrüsteten, was Röhm den Spitznamen des «Maschinengewehrkönigs» von Bayern einbrachte.

Zweitens war Adolf Hitler, der gescheiterte Kunstmaler und österreichische Emigrant, der seit 1919 als «Trommler» und seit 1920 als Vorsitzender der NSDAP agierte, ausgesprochen gewaltfixiert. Das lag zum einen an der für ihn prägenden vierjährigen Kriegserfahrung mit mehreren, teils schweren Verletzungen, zum anderen an seinem sozialdarwinistischen Weltbild. Für Hitler bedeutete Politik einen gnadenlosen Kampf auf Leben und Tod gegen den westlichen Liberalismus, den östlichen Bolschewismus, die von ihm befürchtete «rassische» Überfremdung Deutschlands, den vermeintlichen «Dolchstoß» der «Novemberverbrecher», den «Schandfrieden» von Versailles und letztlich gegen das Judentum, dem er all diese Übel zuschrieb.

Drittens war die seit 1920/21 bestehende Sturmabteilung als älterer und bei weitem größerer der beiden NS-Kampfbünde aus Hitlers Sicht latent unzuverlässig. Viele ihrer 1923 gut 4000 Mitglieder gehörten nicht nur ihr, sondern zugleich anderen rechten Wehrverbänden an. Zudem waren die Führungsfiguren der frühen SA – Röhm ebenso wie Hermann Göring – durchaus eigenwillig, ehrgeizig und nicht gewillt, sich dem militärisch viel rangniedrigeren Hitler so einfach unterzuordnen. Schließlich war die SA zur Vorbereitung eines von München ausgehenden «Marschs auf Berlin» in Dachverbände wie die Arbeitsgemeinschaft der vaterländischen Kampfverbände und den Deutschen Kampfbund eingebunden und somit dem direkten Zugriff Hitlers zumindest teilweise entzogen.

Um dieses Manko auszugleichen und wenigstens eine kleine Schlägertruppe zu seiner unmittelbaren Verfügung zu haben, gründete Hitler im März 1923 eine Stabswache, der er im Mai den martialischer klingenden Namen Stoßtrupp Hitler gab. Das Personal stammte aus der persönlichen Clique des Parteiführers der NSDAP. Figuren wie der Uhrmacher Emil Maurice, der Pferdeknecht Christian Weber, der städtische Angestellte Karl Fiehler und der beschäftigungslose Arbeiter Alois Rosenwink wurden angeführt von dem Schauspieler Julius Schreck bzw. dem Tabak- und Schreibwarenhändler Joseph Berchtold. Was sie einte, waren ihre stramm rechte Gesinnung, ihre Gewaltbereitschaft und ihre Gewalterfahrung. Maurice zum Beispiel hatte zuvor im Freikorps Oberland gedient, seine vier Brüder waren allesamt bei der SA. Schreck und Berchtold kamen aus der Brigade Ehrhardt, Berchtold hatte zudem als Leutnant schon im Ersten Weltkrieg Kommandoerfahrung gesammelt. Wie viele Männer genau zum Stoßtrupp gehörten, ist mangels Quellen nicht zu eruieren. Dagegen steht fest, dass der Stoßtrupp nach der Teilnahme am kläglich gescheiterten Hitler-Putsch vom 9. November 1923 verboten wurde. Insgesamt 38 seiner Mitglieder wurden wie Hitler vor Gericht gestellt und wegen Hochverrats bzw. Landfriedensbruchs verurteilt. Ihr Anführer Berchtold entzog sich seiner Strafe durch Flucht ins benachbarte Tirol.

Als Hitler, der schon im Dezember 1924 wieder aus der Haft entlassen worden war, im Februar 1925 seine Bewegung neu gründete, richtete er diese nach außen hin auf einen Legalitätskurs, also die Erringung der Macht mit gesetzeskonformen Mitteln aus. Auf das Instrument des politischen Kampfbunds wollte er dennoch nicht verzichten. Allerdings gestaltete sich die zugleich mit der Neugründung der NSDAP proklamierte Neuaufstellung der SA schwierig. Erstens war die Sturmabteilung noch immer in mehreren deutschen Ländern verboten. Zweitens war Röhm, der die «alten Kämpfer» der SA in Abwesenheit Hitlers unter der Tarnbezeichnung «Frontbann» gesammelt hatte, nicht bereit, sich Hitler und der Legalitätstaktik zu verschreiben, und trat am 1. Mai 1925 von allen politischen Ämtern zurück. Drittens waren die regionalen SA- und Parteigrößen wie Curt von Ulrich, Karl Dincklage, Viktor Lutze, Joseph Goebbels oder Gregor Straßer, die sich nun daran machten, die SA von unten neu aufzubauen, ebenso wenig gewillt, diese allein auf München und den «Führer» einzuschwören.

Wie schon 1923 griff Hitler erneut zu der Hilfskonstruktion, zunächst eine kleine, ihm ganz ergebene Gruppe aufzustellen, diesmal unter dem neuen, betont defensiv klingenden Namen «Schutzstaffel». Den Auftrag dazu erteilte er Julius Schreck. Dieser reaktivierte zunächst alte Stoßtruppler. Anschließend forderte er mit Rundschreiben vom 21. September 1925 alle Gau- und Ortsgruppenleiter der NSDAP dazu auf, Zehnerstaffeln zu bilden und diese der Münchner «Oberleitung» der SS zu unterstellen. Dieser Expansionsversuch scheiterte jedoch weitgehend, da beispielsweise der SA-Führer des Ruhrgebiets, Viktor Lutze, den Appell schlicht und einfach ignorierte. Selbst in München konnte sich die «Oberleitung» Schrecks nie durchsetzen und musste etwa die Gründung «wilder» Schutzstaffeln in den Ortsteilen Neuhausen und Schwabing hinnehmen. Im April 1926 übertrug Hitler daraufhin das SS-Projekt wieder an Berchtold, der nach der sogenannten Hindenburg-Amnestie nach München zurückgekehrt war und als erster den Titel Reichsführer-SS trug. Diesem gelang es, bis zum Reichsparteitag der NSDAP in Weimar im Juli 1926 immerhin circa 75 Staffeln mit insgesamt rund 1000 Mitgliedern zu rekrutieren. Dort wurde die SS von Hitler als «treueste» Gruppierung der NSDAP geehrt, indem er ihr die «Blutfahne» vom 9. November 1923 übergab.

2. Straßenkämpfer wie andere auch

Trotz dieser Wertschätzung war jedoch nicht zu leugnen, dass die SA das weit größere Potenzial hatte, eine ernstzunehmende «Parteiarmee» zu werden, als die SS. Denn schon Röhms Frontbann hatte 1925 circa 30 000 Mitglieder. Auch war die SA bereits bis zu den Gaustürmen durchorganisiert, während es in der SS noch gar keine mittleren Hierarchieebenen gab. Schließlich war es aus Hitlers Sicht riskant, die SA allein den tendenziell eigensinnigen Gauleitern zu überlassen. Daher unternahm er im Spätsommer 1926 einen neuen Anlauf, auch die Sturmabteilung auf die Münchner Zentrale auszurichten und einem dort angesiedelten Obersten SA-Führer zu unterstellen.

Diesen Posten trug Hitler Franz von Pfeffer an, einem Mann der dafür in zweierlei Hinsicht besonders geeignet war. Erstens besaß der 1888 geborene Pfeffer (para)militärische Meriten als kaiserlicher Berufsoffizier und Freikorpsführer. Zweitens war er bereits ein hochrangiger NS-Funktionär in Westdeutschland. Wie bei Joseph Goebbels, den Hitler 1926 zum Gauleiter Berlins machte, gelang es dem «Führer» bei Pfeffer, einen internen Kritiker per Beförderung auf seine Seite zu ziehen. Allerdings musste Hitler auf Pfeffers Forderung eingehen, ihm alle NS-Kampfbünde unterzuordnen, also auch die Hitler-Jugend (HJ) und die SS. Bis zum Sommer 1934 blieb die Schutzstaffel trotz kleiner formaler Statusänderungen – 1926 wurde sie als «selbständige Organisation neben den SA-Verbänden» definiert, 1929 als «Sonderformation der SA» und 1931 als «selbständiger Verband mit eigenem Dienstweg» – stets der Obersten SA-Führung unterstellt, das heißt Pfeffer und seinem Nachfolger ab 1931, dem in Ehren in die NS-Bewegung zurückgekehrten Ernst Röhm.

Infolge dieser Zurücksetzung legte Joseph Berchtold im März 1927 das Amt als Reichsführer-SS nieder. Sein Nachfolger Erhard Heiden, ein 1901 geborener Kaufmann, der schon im Stoßtrupp Hitler und dann 1925/26 als «rechte Hand» Schrecks dabei gewesen war, erwies sich als überfordert. Zwar wuchs die SS bis Ende 1930 aufgrund des Durchbruchs der NSDAP infolge der Weltwirtschaftskrise auf ungefähr 4000 Mitglieder. Allerdings gehörten der SA zu diesem Zeitpunkt bereits rund 88000 Mann an. Angesichts dieser Schwäche der SS befahl Röhm 1931, kurz nach seinem Antritt als Stabschef der SA, die Schutzstaffel durch eine Werbungsoffensive, aber auch durch schlichte Abkommandierungen aus der Sturmabteilung auf zehn Prozent der SA-Stärke auszubauen. Dieses Ziel wurde erreicht. Zum Zeitpunkt der «Machtergreifung» im Januar 1933 standen circa 52000 Mann in den Reihen der SS und ungefähr 427000 in denen der SA.

Funktional unterschied sich die SS unter Pfeffer und Röhm kaum von der SA. Gemeinsam leisteten sie den Löwenanteil der politischen Arbeit der NSDAP, indem sie ihre Mitglieder Flugblätter verteilen, Plakate kleben, Spenden sammeln, die NS-Presse vertreiben, Versammlungen organisieren und Mitglieder rekrutieren ließen. Ebenfalls typisch für beide Organisationen war der sogenannte Wehrsport. SA- wie SS-Männer exerzierten regelmäßig, trainierten den Umgang mit Waffen und zogen in manöverartige Geländeübungen. Diese Soldatenspielerei diente einerseits der Anwerbung der an solchen Aktivitäten sehr interessierten Kriegsjugend- und Nachkriegsgeneration, andererseits der trotz aller Lippenbekenntnisse zum Legalitätskurs nie ganz aufgegebenen Putschvorbereitung. Allerdings wurde der Wehrsport in der SA reger betrieben als in der SS.

Die Männer der Schutzstaffel waren dagegen noch intensiver an den Straßen- und Saalschlachten der «Kampfzeit» beteiligt als die braunen Bataillone der SA. Sie provozierten systematisch Prügeleien mit den Anhängern der KPD, aber auch mit dem sozialdemokratischen Reichsbanner. Dadurch verliehen sie dem Anspruch der NSDAP, die entschiedenste antibolschewistische Kraft zu sein, Glaubwürdigkeit. Gleichzeitig schürten sie so ganz bewusst ein Bürgerkriegsklima, das die Weimarer Republik destabilisierte. Wie die SA-Männer auch, setzten die SS-Angehörigen dabei regelmäßig Waffen wie Spazier- und Fackelstöcke, die mit schweren Karabinern versehenen Lederriemen ihrer Uniform, Messer und Pistolen ein. Die Verletzungsquote der Schutzstaffel in diesen Auseinandersetzungen lag um rund 50% höher als die der SA.

Äußerst hart zur Sache gingen die SS-Männer auch nach dem 30. Januar 1933. Zusammen mit ihren SA-Kameraden erzwangen sie die Beflaggung öffentlicher Gebäude mit dem Hakenkreuzbanner, zerschlugen das Mobiliar von Gewerkschaftshäusern und «roten Redaktionen», misshandelten politische Gegner und Juden und verschleppten sie in improvisierte Folterkeller und Konzentrationslager. Sowohl in der berüchtigten «Hilfspolizei» des Jahres 1933 als auch hinsichtlich der Anzahl der Strafverfahren, die trotz des geringen Verfolgungselans der deutschen Justiz gegen die Gewalttäter der «nationalen Revolution» eingeleitet wurden, waren die Mitglieder der Schutzstaffel im Vergleich zu denen der SA um ungefähr den Faktor zwei überrepräsentiert.

Die außerordentliche Aggressivität der SS beruhte, ähnlich wie in der SA, auf einer «gruppendynamischen Zurichtung» (Sven Reichardt). Hier wie da entstand in den Stürmen unter charismatisch-paternalistischen Führern ein jugendbandenartiges bzw. männerbündisches Milieu. In den Sturmlokalen und SS-Heimen herrschte eine Alkoholkultur, die nicht nur gewaltenthemmend wirkte, sondern nicht selten zu peinlichen Exzessen führte. So lieferten sich 1934 vier betrunkene SS-Männer in Kassel eine nächtliche Messerstecherei mit zwei Zivilpolizisten. Und in Waiblingen musste sich der Führer der SS vom Ortsgruppenleiter der NSDAP Vorwürfe gefallen lassen, weil zwei seiner Männer ihren Rausch in einem Park ausgeschlafen hatten. Üblich war in der SS der «Kampfzeit» und der Machtergreifungsphase auch ein Jargon mit gegenseitigen Spitznamen, Codewörtern wie «Lautsprecher» für illegale Waffen und Schmähbegriffen wie «Reichsbananen» oder «Polente» für die Gegner aus Reichsbanner und Polizei. Die SS war also bis 1933/34 keineswegs feiner, schicker oder respektabler als die SA, auch wenn dies SS-Angehörige wie Hans Egon Holthusen oder Theodor Eschenburg ex post ebenso behauptet haben wie einige Historiker. Vielmehr war die Schutzstaffel bis 1934 Fleisch vom Fleische der Sturmabteilung.

Die organisatorische Zusammengehörigkeit und die großen personellen, funktionalen und habituellen Schnittmengen zwischen SA und SS führten im Verbund mit der selbst 1933/34 noch höchst unvollkommenen Uniformierung der NS-Kampfbünde dazu, dass diese lange Zeit für Außenstehende – die Weimarer Presse ebenso wie die Polizei – kaum zu unterscheiden waren. In entsprechenden Berichten dominierten Pauschalbezeichnungen wie «Hitler-Mordbuben» oder «Hakenkreuzler». Verwechslungen der beiden Tätergruppen, wie im Fall der Misshandlung des jüdischen Rechtsanwalts Michael Siegel aus München am 10. März 1933, waren wohl nicht selten. Insgesamt war, wie ein Journalist der *Neuen Zürcher Zeitung* am 13. Juli 1934 schrieb, über die SS bis dahin öffentlich schlicht «noch wenig bekannt».

II. Die Ablösung von der SA

1. Ein neuer Reichsführer – Heinrich Himmler als «Vater der SS»

Allerdings hatte es schon Anfang 1929 einen Wechsel an der Spitze der Schutzstaffel gegeben, den ihre offizielle Chronik später als Beginn der «eigentlichen Geschichte der SS» bezeichnet hat. Der Grund dafür, dass Heiden als Reichsführer-SS gehen musste, war wohl, dass er Parteigelder veruntreut und – aus Sicht der Nationalsozialisten unverzeihlich – SS-Uniformen ausgerechnet bei jüdischen Lieferanten beschafft hatte. Sein Nachfolger war der erst 28-jährige Heinrich Himmler, in vielerlei Hinsicht der eigentliche Gründer und eine Art Übervater der SS.

Wer war dieser Mann und wie geriet er an die Spitze des «Schwarzen Ordens»? Dass Himmler keineswegs – wie Alfred Andersch in seiner bekannten Erzählung *Der Vater eines Mörders* von 1980 behauptet hat – aus protofaschistischen Verhältnissen kam, hat spätestens Peter Longerich in seiner Biografie von 2008 belegt. Vielmehr war Himmlers Münchner Elternhaus zwar konservativ und streng katholisch, aber bildungs- und nicht kleinbürgerlich. Sowohl zum Vater, einem Gymnasialdirektor, als auch zur Mutter und zu seinen zwei Brüdern hatte der junge Heinrich ein gutes Verhältnis.

Zum politischen Extremisten wurde er durch eine Mischung aus generationsspezifischen und persönlichen Erfahrungen. Denn als sich der frischgebackene Notabiturient 1917 in patriotischer Begeisterung zum Militär meldete, war der Erste Weltkrieg schon so gut wie verloren. Und so wurde der junge Offiziersanwärter im Jahr darauf sang- und klanglos entlassen, ohne eine Chance zur ersehnten «Frontbewährung» zu erhalten. Die Schuld an dieser Schmach gab Himmler den Revolutionären von der politischen Linken. Um sie zu bekämpfen, schloss er sich in den kommenden Jahren mehreren rechten Freikorps, Studentenverbindungen und Geheimbünden an. Im soldatisch-männerbündischen Milieu der extremen Rechten fand der körperlich eher schwächliche, sozial und sexuell unsichere Brillenträger die gesuchte Anerkennung.

Auch eckte er hier mit dem ebenso wirren wie kruden Weltbild nicht an, das er sich parallel zu seinem Studium der Agrarwissenschaften an der TU München nach Kriegsende angelesen hatte. Auf seiner akkurat geführten Leseliste aus diesen Jahren finden sich rassistisch-antisemitische «Klassiker» wie Arthur Dinters *Die Sünde wider das Blut* und Houston Stewart Chamberlains *Rasse und Nation* neben esoterischer Literatur à la Carl du Prels *Der Spiritismus* oder Friedrich zur Bonsens *Das Zweite Gesicht*.

Schließlich fand Himmler, der zeit seines Lebens nahezu ausschließlich hierarchische, nicht aber freundschaftliche oder kollegiale Beziehungen einging, hier Führerfiguren, denen er folgen konnte. Im Wehrverband Reichskriegsflagge orientierte er sich zunächst an Röhm, dem er 1923 kurz vor dem Hitler-Putsch in die NSDAP folgte. Nach dessen Scheitern und dem Abbruch einer Karriere in der Düngemittelindustrie schloss sich Himmler 1924 dem Führer der niederbayerischen Nationalsozialisten Gregor Straßer an. Als dieser 1925 Reichsorganisationsleiter der NSDAP wurde, folgte ihm Himmler in die Parteizentrale. Hier fand er in Hitler einen neuen Meister, dem er sich als stellvertretender Gauleiter von Oberbayern und Schwaben, stellvertretender Reichspropagandaleiter und bald auch stellvertretender Reichsführer-SS bedingungslos verschrieb.

Als im Januar 1929 kurzfristig ein Nachfolger für Heiden benötigt wurde, stand dieser Multifunktionär bereit, der allerdings zu diesem Zeitpunkt von den Spitzenkräften der Bewegung noch nicht wirklich für voll genommen wurde. So bezeichnete Goebbels, dem Himmler 1930 in der Reichspropagandaleitung zuarbeitete, diesen in seinen Tagebüchern zunächst als «kleinen, braven Mann», dem leider jede «große Ader» abgehe.

Himmler brachte jedoch vier Eigenschaften mit, die ihm an der Spitze der Schutzstaffel sehr zugute kamen. Erstens war er ein glänzender Organisator, der es verstand, eine effektive Mischung aus teilweise sehr detaillierten, pedantischen Vorgaben und bloßen Rahmenanordnungen anzurühren, die es seinen SS-Unterführern ermöglichte, so ein Motto der Schutzstaffel von 1937, es «nicht immer auf einen Befehl ankommen [zu] lassen», sondern «Gehorsam denen entgegen[zu]tragen, die uns zu befehlen haben». Der britische NS-Forscher Ian Kershaw hat dieses Prinzip, dem jeweiligen Vorgesetzten durch die radikale Auslegung seiner Anordnungen «entgegenzuarbeiten», als einen Wesenskern des Dritten Reichs beschrieben.

Zweitens besaß Himmler, der nach außen eher unscheinbar wirkte, nach innen ein erstaunliches Talent zur Menschenführung. Er trat seinen Männern als eine Art Erzieher entgegen, der sich um nahezu alle Bereiche ihres Lebens – sei es die «Gattenwahl», der Fahrstil, das Arbeitsethos oder die Trinkgewohnheiten – kümmerte, für seine Fürsorge aber auch Gehorsam und Treue verlangte. Indem er Männern, die in persönlichen Schwierigkeiten steckten, gezielt eine Chance zur «Bewährung» bot, machte er diese von sich abhängig. Den Chef seines «Sicherheitsdienstes» Reinhard Heydrich rettete er beispielsweise nach dessen unehrenhafter Entlassung aus der Reichsmarine vor dem Bankrott. Den «Inspekteur der Konzentrationslager» Theodor Eicke holte er gar aus der geschlossenen Psychiatrie.

Drittens verfügte Himmler über eine Hitler kongeniale Mischung aus ideologischer Verbohrtheit und politischem Instinkt. Sein «Doppelwesen von unwirklicher Phantastik und machttechnischer Rationalität» (Joachim Fest) erlaubte es ihm, mit erstaunlicher Sicherheit zu beurteilen, wann bei der Durchsetzung langfristiger Ziele bzw. bei der Mehrung seiner Machtposition weltanschauliche Radikalität, wann opportunistische Flexibilität angemessen war.

Viertens – auch das ein gewichtiger Grund – wurde Himmler von seinen Gegnern und Konkurrenten, wie die zitierten Einschätzungen Goebbels zeigen, immer wieder unterschätzt. Doch erst sein unscheinbares Äußeres, sein wenig gewinnendes öffentliches Auftreten und sein stets subalternes Verhältnis zu Hitler ermöglichten ihm paradoxerweise seinen Aufstieg zum zuletzt wohl zweitmächtigsten Mann des Dritten Reichs – und mit ihm den Aufstieg «seiner» Schutzstaffel.

2. «In Treue zum Führer» – auch gegen die eigenen Kameraden

Am Beginn dieser Entwicklung standen heftige Auseinandersetzungen innerhalb der nationalsozialistischen Bewegung. Denn diese war keineswegs so monolithisch, wie es die Bilder aus Leni Riefenstahls Reichsparteitagsfilm *Triumph des Willens* suggerieren. Vielmehr kam es seit der Neugründung der NSDAP 1925 immer wieder zu Konflikten, etwa zwischen der Münchner Parteiführung um Hitler und Gauleitern wie Julius Streicher in Franken, Josef Bürckel in der Pfalz, Karl Kaufmann in Hamburg, Wilhelm Kube in Brandenburg oder Erich Koch in Ostpreußen, die als Könige in der Provinz eigene Interessen verfolgten und Freiräume beanspruchten.

Teilweise überschnitten sich derartige Streitigkeiten um Zentralismus versus Regionalismus mit ideologischen und taktischen Differenzen. Beispielsweise vertrat die von Himmlers altem Mentor Gregor Straßer angeführte «Arbeitsgemeinschaft Nordwest» eine stärker sozialrevolutionäre Linie als Hitler. Gregor, sein Bruder Otto und anfangs auch Goebbels wollten im Gegensatz zum «Führer» die NSDAP ihrem Namen gemäß nicht nur antikommunistisch, antisemitisch und völkisch-national, sondern auch sozialistisch ausrichten. Die Partei sollte sich ihrer Ansicht nach für Verstaatlichungen einsetzen, klar von bürgerlich-altkonservativen Kräften wie der DNVP abgrenzen und primär um die Arbeiterschaft werben.

Derartige Forderungen fanden besonders viel Anklang in der Sturmabteilung, da viele ihrer Mitglieder selbst in sozialen und wirtschaftlichen Schwierigkeiten steckten und sich die SA insgesamt eher als proletarische denn als bürgerliche Organisation verstand. Hinzu kam, dass der soldatisch geprägte NS-Kampfbund, wie schon der Konflikt zwischen Hitler und Röhm von 1925 gezeigt hatte, dem nach außen vertretenen Legalitätskurs des «Führers» misstrauisch gegenüberstand. Viele SA-Führer,

Heinrich Himmler und Reinhard Heydrich, 1930er Jahre

die im kaiserlichen Militär, in den Freikorps oder der Reichswehr der Nachkriegszeit mittlere Offiziersränge innegehabt hatten, waren nicht bereit, ihr Freund-Feind-Denken und ihre Putschpolitik sang- und klanglos der komplexen Machtergreifungsstrategie des ehemaligen Gefreiten Adolf Hitler unterzuordnen.

1930, vier Jahre nachdem Hitler seinen unbedingten Führungsanspruch im Rahmen der Bamberger Führertagung und durch die Ernennung Pfeffers zum Obersten SA-Führer durchgesetzt hatte, brachen die alten Konflikte noch einmal offen aus. Wenige Monate vor der Septemberwahl zum Reichstag, die für die NSDAP angesichts der Weltwirtschaftskrise und der rasant steigenden Arbeitslosigkeit die Chance zum politischen Durchbruch bot, überwarf sich Otto Strasser mit Hitler, trat aus der Partei aus, veröffentlichte den Aufruf *Die Sozialisten verlassen die NSDAP* und gründete die eigenständige «Kampfgemeinschaft Revolutionärer Nationalsozialisten». Zudem häufte sich die Kritik an der «Verbonzung» der NSDAP-Führung, zu deren Sinnbild das im Frühjahr 1930 angekaufte Münchner Palais Barlow und sein Umbau zum feudalen «Braunen Haus» der Reichsparteileitung wurde.

Die höhere SA-Führerschaft schließlich fühlte sich bei der Aufstellung der Kandidatenliste für die Reichstagswahl übergangen. Auch sei die Sturmabteilung, so protestierten Pfeffer und drei seiner fünf «OSAF-Stellvertreter», August Schneidhuber, Manfred von Killinger und Walther Stennes, deutlich unterfinanziert. Als weder ihre Wortmeldung noch die Intervention des für Berlin und Ostdeutschland zuständigen Stennes, der um eine Lösung bemüht nach München gereist war, Gehör bei Hitler fanden, legte Pfeffer am 29. August 1930, gut zwei Wochen vor der Wahl, sein Amt mit der Begründung nieder, es fehle ihm die «moralische und materielle Unterstützung der Parteileitung».

Der Berliner Gauleiter Goebbels, der in dieser Situation eine «kleine Palastrevolution» fürchtete, sah sich nach Verbündeten gegen Stennes um, der mit einem Wahlkampfstreik oder gar der Sprengung von Parteiveranstaltungen durch die SA gedroht hatte. Goebbels schloss ein Bündnis mit dem regionalen SS-Führer Kurt Daluege, einem 1897 geborenen, tief in der Berliner NS-Szene verwurzelten Weltkriegsveteranen und Diplomingenieur. Obwohl sie offiziell dem OSAF-Stellvertreter Stennes unterstand, übernahm die Berliner SS im Auftrag des Gauleiters die Bewachung der Gaugeschäftsstelle in der Hedemannstraße 10 und die Bespitzelung des Stennes-Kreises.

Als das aufflog, kam es in der Nacht vom 30. auf den 31. August zu einer handfesten Schlägerei zwischen der Berliner SA und SS, die von der Polizei beendet werden musste. Um eine weitere Eskalation zu verhindern, eilten Hitler und Himmler aus München herbei. Durch eine Mischung aus charismatischem Auftreten und finanziellen Zugeständnissen gelang es dem «Führer», die Situation zu entschärfen und noch einmal eine Versöhnung mit Stennes herbeizuführen. Dank des nun fortgesetzten SA-Aktivismus wurde der 14. September 1930 zu einem Triumph der Nationalsozialisten, deren Stimmanteil von 2,6% auf 18,3% stieg.

Die Schutzstaffel, die Hitler für ihren Einsatz gegen die rebellierenden SA-Männer noch am 31. August als seine «treue Garde» gewürdigt hatte, wurde nun – so schrieb Goebbels am 6. März 1931 in sein Tagebuch – zum «Steckenpferd» des «Führers». Nachdem er ihr den «Polizeidienst innerhalb der Partei» übertragen hatte, setzte er sie im Frühjahr 1931 zur Rache an Stennes ein. Dieser wurde am 1. April all seiner Ämter enthoben. Rund 1000 seiner daraufhin erneut rebellierenden Anhänger wurden unter der Leitung Goebbels, Görings und Dalueges aus SA und Partei ausgeschlossen. Im Anschluss an diese «Reinigungsaktion» gab Hitler der SS in einem Brief an Daluege dankbar ihr neues Motto «Meine Ehre heißt Treue!». Dass auch der Reichsführer-SS nun als ernstzunehmender Akteur im Kampf um die Macht in der Bewegung galt, belegt ein weiterer Tagebucheintrag von Goebbels aus dem Jahr 1931: «Himmler hasst mich. […] Dieses hinterlistige Vieh muss verschwinden.»

Wie bedingungslos die Schutzstaffel ihre neue Rolle als Parteipolizei des «Führers» spielte, zeigen zwei Vorfälle aus den Jahren 1932/33. Als im November 1932 angesichts der Krise der NSDAP kurz vor der «Machtergreifung» sowie aufgrund interner Führungsquerelen eine Meuterei der Augsburger SA drohte, standen bei der entscheidenden Versammlung im Sturmlokal «Blaues Krügle» rund 100 SS-Männer in den Nebenzimmern bereit, um jeden SA-Rebellen gegebenenfalls «krumm und lahm [zu] schlagen». Die offene Konfrontation blieb nur dank der Deeskalationsstrategie des anwesenden SA-Untergruppenführers aus, was prompt zu einer Beschwerde des Führers des SS-Rollkommandos über diesen führte.

Rund zwei Monate später spitzte sich in Franken der Konflikt zwischen Gauleiter Julius Streicher und SA-Führer Wilhelm Stegmann zu. Auch die fränkische SS war alles andere als gut auf den höchst eigenmächtigen und schwierigen «Frankenführer» Streicher zu sprechen. Darüber hinaus war Stegmann ein diesem persönlich gut bekannter Kommilitone Himmlers. Dennoch griff die Schutzstaffel im Frühjahr 1933 hart gegen Stegmanns «Freikorps Franken» durch, als dieser sich Schlichtungsversuchen des Führers der süddeutschen SS, Sepp Dietrich, ebenso widersetzte wie dem anschließenden Rücktrittsbefehl Hitlers. Stegmann selbst kam für rund fünf Jahre in ein Konzentrationslager.

Trotz all dieser Treuebeweise erfolgte zunächst nicht die «restlose Trennung von SS und SA», die Himmler sich schon Anfang Dezember 1930 zum Ziel gesetzt hatte. Vielmehr blieb die Schutzstaffel eine Unterorganisation der Sturmabteilung, die seit 1931 von Röhm angeführt wurde. Zwar schwoll der «Schwarze Orden» nach der «Machtergreifung» in den Jahren 1933 und 1934 im Rahmen der «Braunen Bataillone» durch den Zustrom von «Märzgefallenen» und den Anschluss ganzer Organisationen wie der rechtsradikalen «Brigade Ehrhardt» auf vorübergehend bis zu 400 000 Mann an. Aber die SA wuchs noch weit schneller – zeitweise zählte sie bis zu 4,5 Millionen Mitglieder – und konnte anfangs viel mehr Schaltstellen des Dritten Reichs besetzen: Röhm wurde Reichsminister, Himmler nur Polizeipräsident von München.

Doch gerade dieses Missverhältnis führte dazu, dass Himmler und die SS letztlich doch triumphierten. Denn im Frühjahr 1934 wuchs das Unbehagen der altkonservativen Partner Hitlers über Röhms anhaltende Forderungen nach der noch immer ausstehenden «nationalsozialistischen Revolution». Im Umfeld des Vizekanzlers Franz von Papen wurden Pläne zur Wiederaufrichtung der deutschen Monarchie geschmiedet. Die Generalität der Reichswehr reagierte unwillig auf Röhms Idee, die SA zum Nukleus eines neuen «Volksheeres» zu machen. Viele

Deutsche begannen zudem angesichts der mit rund vier Millionen noch immer hohen Arbeitslosigkeit am Regime zu zweifeln.

Himmler, Göring und die deutschen Generäle boten Hitler einen Ausweg aus dieser misslichen Lage an. Auf der Grundlage teilweise gefälschter Dokumente überzeugten sie ihn davon, wie gefährlich Röhm für das Regime sei, ja dass er unter Umständen gar einen Putsch gegen Hitler plane. Auch seien Röhms Homosexualität, aus der dieser nie ein großes Geheimnis gemacht hatte, und sein Umfeld aus ebenso orientierten SA-Führern nicht mehr tragbar. Mit der Durchführung des Befreiungsschlags gegen die Spitze der Sturmabteilung und diverse andere Gegner Hitlers wie Altkanzler Kurt von Schleicher oder Gregor Straßer betraute der «Führer» die Schutzstaffel. Zwischen dem 30. Juni und dem 2. Juli 1934 wurde die gesamte SS alarmiert. Durch die Besetzung der Büros und die Sicherung der Waffenlager und des Fuhrparks der SA wurde diese handlungsunfähig gemacht. SS-Rollkommandos verhafteten anhand vorbereiteter «schwarzer Listen» circa 1100 Personen, von denen sie etliche misshandelten und rund 150 bis 200 umbrachten.

Am 3. Juli erklärte Hitler sich selbst zum «obersten Gerichtsherrn» der Deutschen und diesen Massenmord zur «Staatsnotwehr». Die Intrige ging auf. Viele deutsche Bürger reagierten erleichtert auf die vermeintliche «Reinigung der Bewegung» und die scheinbare Wiederherstellung von Ruhe und Ordnung. Die kurz darauf nach dem natürlichen Tod Hindenburgs erfolgte Übernahme des Reichspräsidentenamts durch Hitler wurde klaglos akzeptiert, die Reichswehr ließ sich anstandslos auf den «Führer» vereidigen. Himmler und die rund 200 000 Männer in zehn Oberabschnitten, 29 Abschnitten, 130 Standarten, 449 Sturmbannen und 1777 Stürmen, die auch nach der recht chaotischen Machtergreifungsphase als feste Mitglieder in der SS geblieben waren, erhielten durch einen Hitler-Erlass vom 20. Juli 1934 endlich den langersehnten Status als selbstständige Gliederung der NSDAP. Selbst die *Neue Zürcher Zeitung* nahm nun Notiz vom bislang übersehenen «Schwarzen Orden». In einem Artikel vom 13. Juli 1934 stellte sie ihren Lesern «Himmler und die SS» als «innerste Lebenszelle des Nationalsozialismus» vor. Der Reichsführer wird es mit Freude gelesen haben.

3. Die Idee eines «nordischen Neuadels»

Um sich nicht nur formal und organisatorisch, sondern auch programmatisch und inhaltlich von der Sturmabteilung abzugrenzen, setzte die SS-Führung darauf, den «Schwarzen Orden» nach innen und außen als Elite zu propagieren. Seit Beginn der 1930er Jahre überhäufte sie die Schutzstaffel mit Bezeichnungen wie «Elitetruppe», «leistungsfähigste und opferwilligste Propagandaorganisation», «Garde» oder «Neuadel». Neben der Abgrenzung von der SA sollte diese Rhetorik auch Werbewirkung entfalten, also möglichst viele Männer aus der Weimarer Gesellschaft, die laut dem Freiburger Historiker Ulrich Herbert von einem grassierenden «Elitismus» infiziert war, in die Reihen der Schutzstaffel locken.

Die zentrale Komponente des Anspruchs, die SS sei im Vergleich zu den anderen nationalsozialistischen Organisationen höherwertig, führte ins Zentrum der NS-Ideologie: den völkischen Rassismus. Hitler selbst, dessen Buch *Mein Kampf* das unbestreitbare Kernstück der NS- und damit auch der SS-Weltanschauung bildete, vermied es, die von ihm variierend und synonym gebrauchten Begriffe «deutschblütig», «arisch» oder «germanisch» genauer zu definieren. Einzig darauf, dass der «Arier» den «gewaltigsten Gegensatz» zum «Juden» bilde, legte sich der «Führer» fest. Aufgrund seiner Erfahrungen in Wien, wo er in den Jahren 1907 bis 1910 den antisemitisch-populistischen Bürgermeister Karl Lueger miterlebte, sowie in München, dessen ihm verhasste kommunistische Räterepublik im Frühjahr 1919 maßgeblich von Aktivisten aus jüdischen Familien wie Ernst Toller, Gustav Landauer, Erich Mühsam und Eugen Leviné geprägt wurde, stand für Hitler fest, dass nahezu alles Böse in der Welt von Juden ausgehe. Er beschrieb sie in seinem 1925/26 veröffentlichten Hauptwerk als «Parasiten», denen «jede wahre Kultur» fehle und die es auf die «Bastardisierung der ihnen verhassten weißen Rasse» abgesehen hätten. Selbst eine Auswanderung der Juden etwa nach Palästina ändere nichts an ihrer Gefährlichkeit, da sie dann nur über eine «Organisationszentrale ihrer internationalen Weltbegaunerei» verfügen würden. Letztlich sei die «Judenfrage» nur «durch das Schwert» zu lösen. Das wichtigste und zunächst einzige «rassische» Auslesekriterium für SS-Männer und alle anderen Nationalsozialisten war dementsprechend, dass in ihren Adern kein «jüdisches Blut» fließen durfte.

Im Juni 1931, also unmittelbar nach der Stennes-Revolte als Ausgangspunkt des verstärkten Unabhängigkeitsstrebens der SS, proklamierte Himmler die Schutzstaffel darüber hinausgehend als «Auslese besonders ausgesuchter Menschen» der «nordischen Rasse». Mit dem Schlüsselbegriff «nordisch» legte Himmler sich und seinen «Orden» auf eine ganz bestimmte «Rassenlehre» fest, die im Wesentlichen auf Hans F. K. Günther zurückging. Dieser 1891 in Freiburg geborene promovierte Linguist hatte die Tatsache, dass er körperlich zu schwach war, um im Ersten Weltkrieg an die Front geschickt zu werden, als Zurücksetzung erlebt. Als Kompensation verfasste er eine Schrift über männlichen Heroismus, die 1920 unter dem Titel *Ritter, Tod und Teufel* veröffentlicht wurde, und zumindest zwei Männer nachhaltig begeisterte. Himmler lobte sie in seinen Lektürenotizen als «ein Buch, das mir das ausdrückt [...], was ich fühle und denke, seit ich denke». Der Münchner Verleger Julius Friedrich Lehmann, eine Schlüsselfigur der völkischen Szene, gab unter dem Eindruck des Traktats eine *Rassenkunde des Deutschen Volkes* bei Günther in Auftrag, die seiner Meinung nach ein wichtiges Desiderat darstellte.

In dem 1922 vorgelegten Werk, das 1928 in einer gekürzten und verbilligten Auflage, dem «Volksgünther», erschien, musste Günther zwar einräumen, dass eine «rassische» Kategorisierung des deutschen «Mischvolks» einer soliden wissenschaftlichen Grundlage entbehrte. Dennoch scheute er sich nicht, ebenso apodiktisch wie willkürlich festzulegen, dass circa 60% des «deutschen Blutes» «nordisch» sei und damit zum wert-

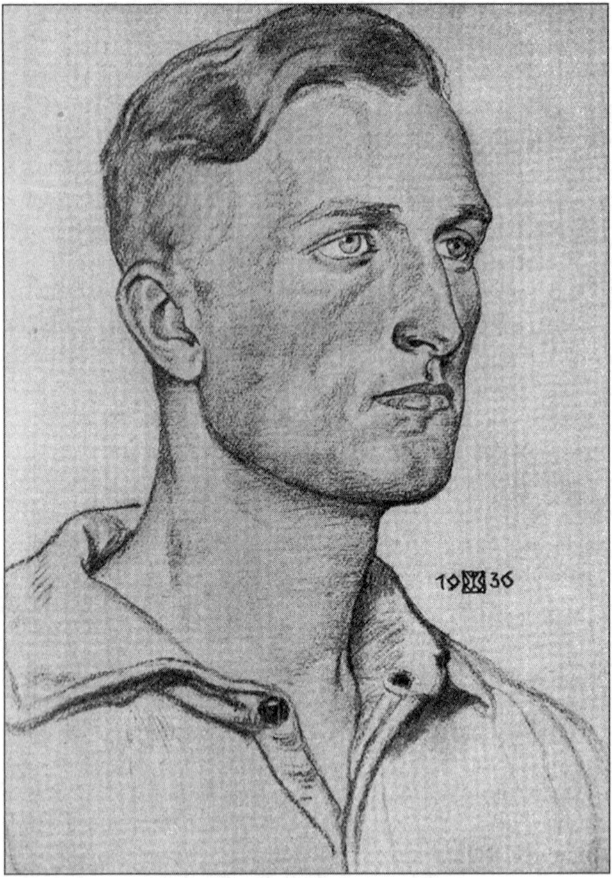

Das SS-Ideal eines «nordischen» Mannes

vollsten «Blut» gehörte, das es auf der ganzen Welt gebe. Denn der groß gewachsene, blonde und blauäugige «nordische Mensch» stehe hinter eigentlich allen großen Kulturleistungen der Geschichte. Einen ungefähr 25-prozentigen Anteil hätten die nicht ganz so hochwertigen, aber immer noch akzeptablen «ostischen», «dinarischen», «fälischen» und «westischen» Rassen, während gänzlich «fremdvölkische Bluteinschläge», zu denen Günther auch den jüdischen zählte, glücklicherweise nur zwei bis drei Prozent ausmachen würden. Allerdings sei das deutsche Volk von einer schleichenden «Entnordung» bedroht. Um dem entgegenzuwirken, sei es dringend nötig, die Deutschen über diese Gefahr sowie die Vorzüge einer bewussten «nordischen Gattenwahl» aufzuklären. Darüber, was aus den weniger «nordischen» Deutschen werden sollte, schwieg sich Günther bezeichnenderweise aus.

Dass Himmler die Schutzstaffel auf die Lehre dieses «Rassepapstes» verpflichtete, lag nicht nur an seiner eigenen Leseerfahrung, sondern vor allem auch daran, dass im Frühjahr 1931 mit Richard Walther Darré ein weiterer überzeugter Anhänger Günthers in den Führungszirkel der SS eintrat. Der 1895 geborene Deutschargentinier Darré, der sich zum wichtigsten Ideologen der Schutzstaffel neben Himmler entwickelte, diente dem Heimatland seiner Eltern im Ersten Weltkrieg als Freiwilliger. Nach dem Studium der Agrarwissenschaften mit einem Schwerpunkt im Fach Tierzucht war es ihm nicht gelungen, die angestrebte wissenschaftliche Laufbahn einzuschlagen. Die Tatsache, dass er sich mit diversen Gelegenheitsjobs durchschlagen musste, dürfte dazu beigetragen haben, dass er sich zunächst der «Nordischen Bewegung», 1930 auch der NSDAP anschloss. Im selben Jahr hatte er mit *Neuadel aus Blut und Boden* ein Buch publiziert, das Günthers Vorhaben einer freiwilligen «Wiedervernordung» zu einem radikalen Zuchtprogramm verschärfte. Denn für den von Darré herbeigesehnten «Neuadel», der die Führung des deutschen Volkes übernehmen und es in «rassisch» bessere Zeiten geleiten würde, sollte die auslesende «Gattenwahl» nicht mehr beim Einzelnen, sondern bei amtlichen «Zuchtwarten» liegen.

Am 31. Dezember 1931 erging der sogenannte SS-Heiratsbefehl, den Himmler und Darré gemeinsam ausgearbeitet hatten und den Darré als den entscheidenden Schritt vom «Rassegedanken zur Rassentat» würdigte. Der Erlass war bewusst dramatisch in Form eines Dekalogs gestaltet und endete mit dem trotzig-beschwörenden Ausruf: «Spott, Hohn und Missverstehen berühren uns nicht; die Zukunft gehört uns!». In ihm wurde festgeschrieben, dass SS-Bewerber einer Selektion nach «nordisch-rassischen» Kriterien zu unterziehen waren. Deren Durchführung übertrug Himmler einem neu gegründeten «Rasseamt» der Schutzstaffel, an dessen Spitze er Darré stellte.

Darüber hinaus enthielt der Heiratsbefehl eine Bestimmung, der zufolge sich auch die Verlobten der SS-Männer vor der Heirat einer «Rasseprüfung» zu unterziehen hatten. Dadurch sollte eine «erbgesundheitlich wertvolle Sippe deutscher nordisch-bestimmter Art» entstehen, die dem deutschen Volk und seinem «Führer» nicht nur möglichst hochwertige, sondern auch möglichst viele Kinder schenken würde. Als «Kindermindestzahl einer guten und gesunden Ehe» galten in der SS fortan vier Sprösslinge, denn zwei Kinder seien nötig «für den eigenen Ersatz, ein Kind für den Ausfall in der eigenen Familie und ein Kind für die Nichtskönner bzw. Unverbesserlichen».

Die so konzipierte «Sippengemeinschaft» machte die Schutzstaffel zur radikalsten rassistischen Tat- und Täterorganisation des Nationalsozialismus. Denn es war nur folgerichtig, dass dieser Verband zur Aufzucht des Darréschen «Neuadels» auch eine Schlüsselrolle bei den ebenfalls «volkszüchterischen» Aufgaben der «Ausmerze» übernahm, die der nationalsozialistische Rassenwahn nach der «Machtergreifung» hervorbrachte – bei der Verfolgung von Homosexuellen, «Erbkranken» und «Asozialen» ebenso wie beim Euthanasieprogramm, bei der Ermordung von Sinti und Roma oder beim Holocaust.

Mit dem Heiratsbefehl gab die SS ganz praktische Antworten auf zwei typische Diskurse über «Bevölkerungspolitik», die die Weimarer Gesellschaft umtrieben. Einerseits warnten selbsternannte «Bevölkerungswissenschaftler» wie der im Statistischen Reichsamt in leitender Position beschäftigte Friedrich Burgdörfer mit seinem Buch *Volk ohne Jugend* oder der spätere SS-Chefstatistiker Richard Korherr mit der Schrift *Geburtenrückgang – Mahnruf an das deutsche Volk* vor dem «Volkstod» durch die sinkende deutsche Geburtenrate. Waren 1914 noch durchschnittlich 26,8 Entbindungen auf 1000 Einwohner verzeichnet worden, waren es 1920 nur noch 25,9, 1930 17,6 und

1933 14,7. Dieser Schwund wurde unter anderem der langsam fortschreitenden Frauenemanzipation und der vermeintlich zunehmenden Homosexualität zugeschrieben, um die es hysterische Auseinandersetzungen gab.

Neben dem quantitativen Problem des Geburtenrückgangs kritisierten die «Bevölkerungswissenschaftler» und die neue Zunft der «Rassehygieniker» auch ein qualitatives. Denn ihrer Meinung nach führten die verbesserte medizinische Versorgung und die neuen Sozialleistungen dazu, dass im deutschen Volk eine «rassische» bzw. «eugenische Negativauslese» vorherrsche. Während zu viele Kranke und Schwache überleben und sich ungehemmt fortpflanzen würden, beschränkten sich angeblich gerade die Leistungsfähigen bestenfalls auf das Zwei-Kinder-Modell, das eine SS-Publikation als «mörderische Erfindung des Liberalismus» anprangerte.

Auch den SS-Aktivisten war klar, dass die im Vergleich zu den gut 60 Millionen Deutschen ihrer Zeit winzige Schutzstaffel keine unmittelbare Wirkung auf diese Trends ausüben konnte. Rudolf Jacobsen, der für Darrés Rasse- und Siedlungsamt tätig war, schrieb dazu Ende 1933, Anfang 1934: «Die für die SS geplante Auslese hat züchterisch wohl für die SS, nicht jedoch für das ganze Volk nennenswerte Bedeutung. […] Was wir jetzt in der SS erreichen wollen, ist noch keine Zucht, sondern Vorbereitung dazu: Schaffung eines Bundes, der die Durchführung der Zucht erkämpfen wird» – ein ebenso großes wie radikales Ziel für die Schutzstaffel.

III. Der «Schwarze Orden»

1. Nur die Besten? – Das Auswahl- und Aufnahmeverfahren der SS

Himmler war gewillt, auf die dramatischen Worte des Heiratsbefehls auch Taten folgen zu lassen. Seinen Willen zur Umsetzung des elitären Auslese- und Menschenzuchtprogramms bewies er mit einer Anordnung vom 24. Januar 1932, in der er den SS-Ärzten, also Medizinern, die sich in der Schutzstaffel engagierten und die bislang vor allem die Erstversorgung verwundeter Straßenkämpfer übernommen hatten, die Zuständigkeit für die Musterung neuer SS-Bewerber übertrug.

Das dabei zu verwendende Formular, die sogenannte Mannschafts-Untersuchungs-Liste, SS-intern kurz «Mula» genannt, hatte Georg Jung-Marchand entworfen, der von Himmler ernannte erste Reichsarzt der SS. Dieser 1886 geborene, in Frankfurt am Main niedergelassene Allgemeinmediziner hatte schon als Militär- und Polizeiarzt entsprechende Erfahrungen sammeln können. Darüber hinaus war Jung-Marchand mit einer – allerdings orthografisch wie inhaltlich reichlich wirren – rassistischen Programmschrift hervorgetreten, in der er behauptete, durch «seelischen Fern-Kontakt» «cultur-fähige» von «culturunfähigen» Menschen unterscheiden zu können. Seine «Mula» sah nicht nur harte Kriterien wie die Körpergröße – schon seit 1928 galt für die SS ein Mindestmaß von damals leicht überdurchschnittlichen 1,70 m – vor, sondern auch die Beurteilung etwa des «Gesichtseindrucks» («offen/gehemmt/psychopathisch/lauernd»). Schließlich enthielt die Liste einen Abschnitt zur «Rasse» mit der Vorgabe, die Bewerber entsprechend der Lehre Hans F. K. Günthers unter anderem per Gesichts- und Schädelvermessung in Bezug auf ihre «nordischen» Qualitäten zu prüfen.

Dass Himmler Jung-Marchand und seine 1932 circa 600 SS-

Ärzte mit den Musterungen beauftragte, obwohl laut dem Heiratsbefehl eigentlich das Rasseamt Darrés für die SS-Auslese zuständig war, lag daran, dass dieses bis 1933 weitgehend nur auf dem Papier existierte. Das wiederum war dem in der «Kampfzeit» allgegenwärtigen Geldmangel, Darrés Fokus auf seinen mit Wahlkampfaufgaben betrauten «agrarpolitischen Apparat» und schließlich einigen unglücklichen Personalentscheidungen – unter anderem erwies sich Darrés Bruder Erich als unbrauchbar – geschuldet.

Erst nach der «Machtergreifung» gelang es allmählich dank der nun zur Verfügung stehenden Mittel, die zum Rasse- und Siedlungsamt umbenannte und von München nach Berlin verlegte Institution funktionsfähig zu machen. Am 1. Oktober 1934 konnte Himmler daraufhin die SS-Auslese grundlegend neu regeln und die bisherigen Beitrittsvoraussetzungen deutlich verschärfen: Die Zuverlässigkeit im Sinn der NS-Bewegung sollte nun nicht mehr nur durch zwei Bürgen, sondern auch durch ein politisches und ein polizeiliches Führungszeugnis belegt werden. Neben dem alten Aufnahme- und Verpflichtungsschein war ein «Erbgesundheitsbogen» auszufüllen, in dem über mögliche familiäre Vorbelastungen bis hin zur Großelterngeneration Auskunft gegeben werden musste, was gegebenenfalls eine Denunziation im Sinn des «Gesetzes zur Verhütung erbkranken Nachwuchses» vom 14. Juli 1933 bedeutete und die Zwangssterilisation der eigenen Verwandten nach sich ziehen konnte.

Des Weiteren sollten Bewerber nun einen sogenannten großen Abstammungsnachweis vorlegen, in dem sie durch beglaubigte Kirchenbuchauszüge und standesamtliche Urkunden nachzuweisen hatten, dass keiner ihrer direkten Vorfahren bis zum Jahr 1800 Jude war. Ein derart weitreichender und umständlicher Beleg der «arischen» Herkunft wurde ansonsten im Dritten Reich nur von Journalisten des Goebbelsschen Propagandaapparats, sogenannten Erbhofbauern und Amtsträgern der NSDAP gefordert. Somit war die Schutzstaffel die einzige nationalsozialistische Organisation, die ernsthaft versuchte, ihre gesamte Mitgliedschaft von «jüdischem Blut» möglichst völlig «rein» zu halten. Wie sehr Himmler daran gelegen war, die SS als rassistisch-antisemitische Avantgarde zu konstruieren, zeigt die Tatsache, dass er 1935/36 mit dem Gedanken spielte, das Stichjahr sogar auf 1750 bzw. 1650 zurückzuverlegen.

Das zweite Herzstück des neuen SS-Ausleseverfahrens ab dem Herbst 1934 stellte die sogenannte Rassemusterung dar. Ein entsprechendes Verfahren hatten die beiden wichtigsten Mitarbeiter entwickelt, die Darré 1932 für den Aufbau des Rasseamts in die SS geholt hatte. Horst Rechenbach, dem der spätere Reichsbauernführer und Reichslandwirtschaftsminister bescheinigte, «dass Sie in Ausbildung und Denken mir sehr gleich sind», hatte im Ersten Weltkrieg als Hauptmann gedient, danach sein Studium der Agrarwissenschaften mit einer Promotion abgeschlossen und als Landwirtschaftsexperte in der Reichswehr gearbeitet. Daneben hatte er wie Darré eine führende Rolle in Günthers «nordischer Bewegung» gespielt. Aus dieser war ihm sicherlich auch Bruno Kurt Schultz bekannt, ein aus Österreich stammender habilitierter Anthropologe an der Münchner Ludwig-Maximilians-Universität, der die «nordisch» orientierte Zeitschrift *Volk und Rasse* verantwortete.

In Anlehnung an Rechenbachs militärische Musterungserfahrungen und ein Pferdezuchthandbuch des hallensischen Veterinärmedizinprofessors Rudolf Disselhorst sollten SS-Bewerber nun von spezialisierten Rassereferenten begutachtet werden. Ihr Körperbau war dabei mit Noten von 9 («Idealkörper») bis 1 («Missgestalt»), ihre «rassische» Qualität mit Buchstaben von a («rein nordisch») bis e («Vermutung außereuropäischen Rasseneinschlages») und ihre «soldatische» Gesamthaltung mit Prädikaten von A I («sehr gut») bis C («unmöglich») zu bewerten. Die so entstehende knappe «Musterungsformel» sollte Auskunft über die «rassische» Eignung der Kandidaten geben. In einem Mann, dem sie zum Beispiel «B I 5c» zuteilten, sahen die Rasseexperten der SS einen «ausgeglichenen Mischling» mit «genügendem» Körperbau, gegen dessen Aufnahme insgesamt «kleine Bedenken» bestünden. «A II 6b» stand dagegen für einen willkommenen, da «überwiegend nordischen» Kandidaten mit «gutem» Körperbau und «guter» Gesamthaltung.

Die für das neue Musterungsverfahren benötigten Rassereferenten wurden im Frühjahr 1934 in jedem SS-Oberabschnitt installiert. Für diese Schlüsselpositionen in ihrem «Schwarzen Orden» hatten Darré, Rechenbach und Schultz Männer aus dem Milieu der Landwirtschaftsschulen (u.a. Rudolf Jacobsen, Joachim Caesar, Heinrich Thole) und rassistischen Universitätskreisen (Fritz Schwalm, Hermann Dethof) gewonnen. Erfahrene SS-Straßenkämpfer mit rassistisch-theoretischen Interessen (Erich Spaarmann, Werner Hahn) bildeten dagegen eher die Ausnahme.

Insgesamt sollten, so forderte Himmler beispielsweise in einer Rede vor den SS-Gruppenführern am 8. November 1937, die Maßstäbe der mehrteiligen SS-Ausleseprozedur so streng sein, dass höchstens 10% der Bewerber ihnen gerecht würden. Die über 200000 Altmitglieder, die vor dem 1. Oktober 1934 beigetreten waren, so hatte er schon 1933 angekündigt, wollte er nachträglich durch die «Rassereferenten» «aussieben lassen».

Schließlich wurde auch das Verfahren zur Aufnahme der für tauglich befundenen Bewerber im Jahr 1934 formalisiert und radikalisiert. An die Stelle der alten Formulierung im «AV-Schein», sich «für die Idee Adolf Hitlers einzusetzen, strengste Parteidisziplin zu wahren und die Anordnungen der Oberleitung der Schutzstaffeln und der Parteileitung gewissenhaft auszuführen», trat nun ein Eid, der jeden SS-Mann zum «Gehorsam bis in den Tod» gegenüber dem «Führer» bzw. den von ihm bestimmten Vorgesetzten verpflichtete. Ab 1936 war dieser Eid von allen neuen SS-Männern im Rahmen einer Zeremonie zu leisten, die immer am 9. November, dem Gedenktag des Hitler-Putsches, stattfand.

Allerdings ergaben sich von Anfang an erhebliche Schwierigkeiten bei der Umsetzung dieses ambitionierten Ausleseprogramms. Viele der unentgeltlich für die Schutzstaffel tätigen SS-Ärzte waren weder qualifiziert noch motiviert, «rassische» Untersuchungen vorzunehmen. Kaum einer von ihnen führte die vorgesehenen anthropologischen Messungen durch. Zudem bewerteten sie häufiger Männer als tauglich, die eigentlich zu klein waren oder denen sie gar keine «nordischen» Qualitäten zugeschrieben hatten. Schließlich geriet das SS-Sanitätswesen in den Jahren 1932–1935 in eine Führungskrise. Nachdem sich Jung-Marchand mit dem hochrangigen Frankfurter SS-Führer Fritz Weitzel überworfen hatte, wurde er im Oktober 1932 als Reichsarzt abgesetzt und aus der SS entfernt, im Frühjahr 1933 sogar kurzzeitig in einem Konzentrationslager inhaftiert. Seine Nachfolger Heinrich Hoehmann, Hans Denker und Sigfrid Georgii übten das Amt aus gesundheitlichen, beruflichen oder organisatorischen Gründen nur kurz aus. Erst unter dem im April 1935 eingesetzten Berliner Internisten Ernst-Robert Grawitz, der das SS-Sanitätswesen bis zu seinem Selbstmord am 24. April 1945 leitete und in dieser Funktion an den Euthanasiemorden und an Menschenversuchen in KZs beteiligt war, kam wieder Stabilität in die Ärzteschaft der Schutzstaffel.

Auch die Rassemusterungen gerieten schnell in die Kritik. Dass sie trotz aller pseudo-objektiven Formeln de facto der Willkür Tür und Tor öffneten, belegt die Tatsache, dass Schultz und Rechenbach bewusst keinerlei Kriterien für ihre Bewertungsskalen definierten, ebenso wie Rechenbachs späteres Eingeständnis, dass «rassische» Beurteilung eine Kunst sei, die man eben nicht erlernen könne. Die Oberflächlichkeit der vielfach rasant durchgeführten Beschau führte zu zahlreichen Klagen. Beispielsweise zog ein Zurückgewiesener im Mai 1935 in Zweifel, «dass die knapp 30 Sekunden dauernde Untersuchung über eine so schwer wiegende Frage zu einem einwandfreien Urteil geführt haben soll». Auch Himmlers Idee, SS-Altmitglieder nachträglich von vielfach deutlich später zum Nationalsozialismus gestoßenen Rasseexperten überprüfen zu lassen, führte umgehend zu «größten Missstimmungen» an der Basis der Schutzstaffel.

Als praktisch undurchführbar erwies sich zudem die Forderung nach dem «großen Abstammungsnachweis» von mehr als 200 000 SS-Männern. Obwohl man sich zunächst auf Neubeitritte und Führerdienstgrade beschränkte und obwohl rasch nahezu hundert hauptberufliche Sachbearbeiter eingestellt wurden, stauten sich im zuständigen SS-Sippenamt bis zum Frühjahr 1937 gut 20 000 unbearbeitete «Ahnentafeln». Zudem mussten sich SS-Männer, die sich nach Kirchenbucheintragungen erkundigten, beispielweise von einem Schweizer Pfarrer für den «Generalblödsinn» der retrograden und obsessiven Judenschnüffelei verspotten lassen, der Deutschland zu einem «Riesenirrenhaus» mache.

Da es sich überdies angesichts der Einführung des halbjährigen Reichsarbeitsdienstes und des zweijährigen Wehrdienstes sowie des Übergangs von der begeisternden «nationalen Revolution» zum Alltag des Dritten Reichs als zunehmend schwer erwies, die SS-Einheiten im gewünschten Maß «aufzufüllen», wurde Himmlers Ausleseprogramm Zug um Zug und zumeist stillschweigend revidiert bzw. relativiert, ohne es prinzipiell aufzugeben.

Im September 1936 wurde der problematische Urkundenbeleg für die nicht-jüdische Herkunft bis 1800 ausgesetzt. Als Aufnahmevoraussetzung genügte nun auch in der Schutzstaffel der wesentlich leichter zu erbringende «kleine Abstammungsnachweis» bis zu den Großeltern. Zwar wurde es jedem SS-Mann zur Pflicht gemacht, weiter an seinem «großen Ahnenpass» zu arbeiten, jedoch durfte dies nun offiziell «in aller Ruhe» geschehen. Wie viele SS-Männer die entsprechenden genealogischen Forschungen bis 1945 tatsächlich zum Abschluss brachten, lässt sich nicht mehr feststellen.

Da die Rassemusterung auch zahlreiche «Deutschblütige» als zu wenig «nordisch» abwertete und Himmler fürchtete, dass «anstelle des überwundenen sozialen Klassenkampfes ein rassischer Klassenkampf entstehen» könnte, der im Gegensatz zu der von Hitler verordneten «Volksgemeinschaftsideologie» stünde, befahl der Reichsführer-SS schon 1934/35, Ablehnungen nach außen stets nur medizinisch, niemals aber offen «rassisch» zu begründen. 1938 führte er neutrale Tarnbezeichnungen wie «Annahme-» bzw. «Eignungsuntersuchung» ein. Die umstrittene Nachmusterung der Altmitglieder beschränkte der damalige Chef des SS-Amts, Curt Wittje, schon am 8. Dezember 1934 auf Einzelfälle. Und auch Himmler erkannte zähneknirschend an, dass man wohl allenfalls noch «das Allergröbste aussieben» könne, und verfügte, «Fehler, die in der Kampfzeit bei der Aufnahme solcher Männer gemacht wurden», doch einfach «durch die Zeit ausmerzen zu lassen».

Auch die Musterungskriterien für neue SS-Männer wurden mehrfach still und heimlich aufgeweicht. Beispielsweise ordnete Himmler im Dezember 1938 an, «dass in den nächsten fünf Jahren für alle Teile der SS bei solchen Fehlern, die nicht erbgesundheitlich oder rassisch bedingt sind, geringere Anforderungen zu stellen sind». Die Ärzte und Rassereferenten sollten unter anderem Sehfehler bis zu vier Dioptrien oder eine Größe von nur 1,65 m tolerieren. Die Selektivität des Gesamtverfahrens lag somit wenig überraschend deutlich unter den von Himmler avisierten 90%. Ein geheimes Planungsdokument von 1938 bezifferte den «vorkommenden Ausfall bei den SS-Annahmeuntersuchungen» vielmehr auf nur rund 30%.

Um genügend Nachwuchs zu rekrutieren, gab die Schutzstaffel schließlich auch ihr seit Anfang der 1930er Jahre geltendes passiv-elitäres Anwerbungskonzept auf, dem zufolge die «besten Deutschen» ganz von selbst, ohne jede Aufforderung zur SS kämen, wenn sie nur «sehen, dass die SS richtig aufgebaut ist, dass die SS wirklich gut ist». Ab circa 1935 strebte Himmler davon abgehend eine Rekrutierungspartnerschaft mit der Hitler-Jugend an. Durch entsprechende Verträge mit Baldur von Schirach wurden deren «Land-» und «Streifendienst» zu «Nachwuchsorganisationen» der SS, die die «rassisch» besten 10% jedes Jahrgangs in den «Schwarzen Orden» überführen sollten. Um die aktive Anwerbung zu forcieren, gründete Himmler zudem im Sommer 1938 ein spezielles SS-Ergänzungsamt, an dessen Spitze er Gottlob Berger stellte. Dieser 1896 geborene Volksschullehrer hatte schon zwischen 1931 und 1933 als Organisator der schwäbischen SA seine Tatkraft unter Beweis gestellt, bevor er über interne Intrigen stolperte. Nach seinem Wechsel zur SS legte Berger eine selbst für deren Verhältnisse ungewöhnlich steile Karriere hin, die ihn bis 1945 unter anderem zum Chef des SS-Hauptamts, Generalinspekteur für das Kriegsgefangenenwesen und Stabsführer des Volkssturms werden ließ.

Als Ergebnis dieses Wechselspiels von Anwerbung und Auslese war die SS, wie die anderen NS-Organisationen auch, insofern «volksgemeinschaftlich», als sich in ihr Männer aus allen Klassen, Schichten und Gruppen des deutschen Volkes wiederfanden. Entgegen einer lange dominanten Auffassung fungierte die Schutzstaffel also nicht primär als ein Sammelbecken der «alten Eliten». Zwar waren Angehörige akademischer Berufe in der SS in etwa um den Faktor zwei überrepräsentiert, jedoch besagt das angesichts ihres damals niedrigen Anteils an der Gesamtbevölkerung noch nicht, dass die Schutzstaffel zu einer Art bürgerlichem «Herrenclub» geworden wäre. Vielmehr fanden sich Ende 1937 neben circa 22000 Akademikern auch unter anderem 23 000 kaufmännische Angestellte, 3500 Schreiner, 11 500 Landwirte und 13 000 ungelernte Arbeiter in Himmlers Orden. Das Durchschnittseinkommen eines SS-Manns lag mit brutto circa 180 Reichsmark im Monat ziemlich genau zwischen dem eines Facharbeiters und dem eines Angestellten. Gerade für eine selbst erklärte Eliteformation ist eine derart heterogene Mitgliederschaft bemerkenswerter als der überproportionale Anteil von Angehörigen der klassischen Oberschicht.

Ein weiteres Indiz für die sozial eher durchschnittliche denn elitäre Zusammensetzung der Schutzstaffel ist die Vielzahl der SS-Männer, die sich nach ihrer Aufnahme alles andere als höchst diszipliniert oder «unbedingt gehorsam» verhielten. Es gab in den Reihen des Schwarzen Korps stets eine ganze Reihe von «Sorgenkindern» des Reichsführers. So fielen zahlreiche SS-Angehörige durch unkontrollierbare Gewalttätigkeit auf. Auch nach dem strikten Verbot von «Einzelaktionen» misshandelten sie auf eigene Faust regimekritische Geistliche wie Johann Gerhard Behrens oder Karl Friedrich Wilhelm Ewers. Bei «wilden» Judenpogromen, an denen etwa in München im Dezember 1934 oder in Frankfurt am Main im Mai 1935 auch SS-Männer beteiligt waren, kam es sogar zu gewaltsamen Auseinandersetzungen mit der einschreitenden Polizei.

Ein weiteres Erbe aus der «Kampfzeit» war das anhaltende Alkoholproblem in der Schutzstaffel. Trotz zahlloser Appelle zur Nüchternheit und des gezielten Ankaufs von fortan SS-eigenen Mineralwasserquellen verzeichnete etwa eine geheime SS-

Statistik für das Jahr 1937 74 Fälle schwerer Volltrunkenheit. Und im Sommer 1938 musste sich der Führer des SS-Sturms im schwäbischen Waiblingen nach einem entsprechenden Eklat vom NSDAP-Ortsgruppenleiter sagen lassen, die örtliche SS könne «ja doch nichts anderes als saufen».

Teilweise fielen SS-Mitglieder auch durch hochgradige Dienstunlust auf. So kam es beim Reichsparteitag 1936 zu einer Beschwerde, als 20 zum Küchendienst eingeteilte SS-Männer in eineinhalb Stunden gerade einmal ein Dutzend Kartoffeln schälten. In den Jahren 1937/38 wurden rund 700 SS-Angehörige wegen nachgewiesener «Interesselosigkeit» ausgeschlossen. Wie viele der circa 12000 Männer, die im gleichen Zeitraum der Schutzstaffel aus medizinischen oder beruflichen Gründen und entgegen ihrem Eid zum «Gehorsam bis in den Tod» den Rücken kehrten, ebenfalls demotiviert oder tatsächlich verhindert waren, lässt sich ex post nicht mehr klären. Festzuhalten bleibt jedoch, dass ein Austritt aus der SS zumindest in der Vorkriegszeit bei entsprechend geschicktem Verhalten durchaus möglich und gar nicht so selten war.

Am problematischsten aus Himmlers Sicht waren jedoch diejenigen Mitglieder, deren Wesen im diametralen Widerspruch zur erklärten SS-Ideologie stand. So fanden sich beispielsweise immer wieder Homosexuelle in den Reihen der Schutzstaffel. Der bekannteste und skandalöseste Fall ist der bereits erwähnte Chef des SS-Amts Curt Wittje, der im Mai 1935 nach entsprechenden Vorfällen suspendiert wurde. Selbst «Judenstämmlinge» tauchten vereinzelt im «Schwarzen Orden» auf. Das prominenteste Beispiel ist Emil Maurice, den Himmler als Gründungsmitglied des Stoßtrupps Hitler und Duzfreund des «Führers» trotz seines jüdischen Urgroßvaters als «Ehrenarier» im «Schwarzen Orden» duldete.

2. Die Erziehung der SS-Männer

Um das Fehlverhalten weniger privilegierter SS-Männer in den Griff zu bekommen, baute die SS-Führung sukzessive ein komplexes Disziplinarwesen auf. Den Grundstein bildete die im Februar 1933 erlassene Disziplinarstraf- und Beschwerdeordnung, über die seit Juni 1933 als oberste Instanz ein «SS-Gericht» mit Sitz in München wachte. An dessen Spitze stand Paul Scharfe, ein 1876 geborener ehemaliger Armee- und Polizeioffizier, der sich 1931 dem «Schwarzen Orden» angeschlossen hatte. Seit November 1935 gab es daneben die Schieds- und Ehrengerichtsordnung, die den Kontrollanspruch der SS auch auf das Privatleben ihrer Mitglieder ausdehnte. Kurz nach Kriegsbeginn, im Oktober 1939, gelang es Himmler, die schon seit 1933 angestrebte, aber lange vom Reichsjustizministerium blockierte gesonderte SS- und Polizeigerichtsbarkeit durchzusetzen. Dadurch waren die hauptamtlich tätigen bzw. im Kriegseinsatz befindlichen SS-Männer dem Zugriff der regulären Justiz entzogen.

Der Katalog an Disziplinarmaßnahmen, der den Führern der Schutzstaffel bis dahin zur Verfügung stand, umfasste Verweise, Uniformverbote, Arrest, Degradierungen, Suspendierungen und schließlich den Ausschluss oder, in verschärfter Form, die Ausstoßung aus der SS. Die letzten beiden Maßnahmen zogen für Betroffene durchaus ernste Konsequenzen nach sich, da sich die Schutzstaffel dann in der Regel auch um die Entfernung aus allen anderen NS-Organisationen, eine Eintragung ins polizeiliche Führungszeugnis und vielfach sogar um die Entlassung aus dem Beruf bemühte. Dagegen war die nach 1945 häufig von ehemaligen SS-Männern artikulierte Schutzbehauptung, man habe sich SS-Befehlen nicht entziehen können, sonst wäre man selbst ins Konzentrationslager gekommen, nicht stichhaltig. Denn es gab zwar seit 1938 einen «SS-Erziehungssturm» im KZ Sachsenhausen, doch die dort in «zeitlich begrenzte Schutzhaft» genommenen SS-Delinquenten waren keinesfalls normale KZ-Häftlinge, sondern taten zur «Bewährung» in SS-Uniform Dienst als Aufseher. Schließlich ersannen Himmler und andere SS-Führer auch kreative erzieherische Sanktionen wie zeitlich begrenzte Alkoholverbote, Auflagen für das Ehe- und Sexualleben oder Kollektivstrafen, die die Mitglieder der betroffenen SS-Einheit zur gegenseitigen «kameradschaftlichen» Disziplinierung anhalten sollten.

Insgesamt zeichnete sich das Disziplinarwesen der Schutzstaffel durch drei Grundzüge aus: Erstens existierte – wie Paul Scharfe im Januar 1939 formulierte – keine «Schematisierung der Delikte», das heißt es gab keinen eindeutigen Katalog von Ge- und Verboten, sondern nur vage Rahmennormen, zum Beispiel «kameradschaftliches Verhalten» oder «politische Zuverlässigkeit». Zweitens regierte das Einzelfallprinzip, das keine klare Zuordnung von Verfehlungen zu bestimmten Sanktionen vorsah und sehr viel Raum für gegebenenfalls opportunes Vertuschen, das Statuieren von Exempeln oder auch die Anrechnung alter Verdienste bzw. künftig zu erwartender Leistungen ließ. Drittens war die Schutzstaffel geprägt von einer generellen Tendenz zur Milde nach innen, die einer Mischung aus «Kameraderie» und «Ganovenmoral» (Hans Buchheim) sowie einem ausgeprägten erzieherischen Impetus der Führerschaft gegenüber «ihren» Männern entsprang.

Das Gegenstück zu den SS-Disziplinarstrafen war ein nicht minder komplexes System von symbolischen und materiellen Belohnungen für Männer, die sich wohl verhielten. Für die SS-Führerschaft waren vor allem die Aufstiegschancen von Bedeutung, die ihnen die künstliche Aufblähung der Dienstränge bot. Denn den eigentlich nur sechs Hierarchieebenen der Schutzstaffel (Sturm, Sturmbann, Standarte, Abschnitt, Oberabschnitt und Reichsführung) standen nicht weniger als 17 Unterführer- und Führergrade vom Rotten- bis zum Oberstgruppenführer gegenüber. Beförderungen wurden in der Regel an symbolträchtigen NS-Jubiläen wie dem Tag der «Machtergreifung», dem Geburtstag des «Führers», dem Tag des Hitler-Putsches oder im Rahmen der Reichsparteitage ausgesprochen. Das führte nicht nur zu einer entsprechenden Erwartungshaltung – 1937 erinnerte beispielsweise in Schlesien ein mehrfach übergangener Scharführer daran, dass «es […] doch bestimmt jeden SS-Mann [freut], wenn er mal wieder befördert wird» –, sondern auch zu einem deutlich überproportionalen Führerkorps: Ende 1938 bekleideten nicht weniger als 39% aller SS-Angehörigen einen Unterführer- oder Führerdienstgrad.

Bei Laune gehalten wurden SS-Führer zudem durch kleine

und größere Geschenke des Reichsführers, über die Himmler in einer «Geschenkkartothek» penibel Buch führen ließ. Dazu gehörten Blumen für die Ehefrau, Fruchtsäfte, Schokolade für die Kinder oder Zuschüsse und Kredite vom «Sonderkonto R», das Himmler bei der Dresdner Bank unterhielt und mit Spenden aus seinem «Freundeskreis» ausgesuchter Wirtschaftsführer speiste. Besonders begehrt waren die SS-Totenkopfringe und die noch exklusiveren SS-Degen, die es den damit Ausgezeichneten ermöglichten, sich auch nach außen als Günstlinge des Reichsführers-SS zu erkennen zu geben.

Einfachen SS-Männern bot die Schutzstaffel eine Vielzahl kleiner Ämter wie das des Sportwarts, des Schulungsmanns oder des Sturmschreibers, in deren Rahmen auch sie an der Macht des «Schwarzen Ordens» partizipieren konnten. Zudem gab es für sie einen umfangreichen SS-Fürsorgeapparat, an dessen Spitze der 1933 zur Schutzstaffel gestoßene promovierte Jurist und langjährige Arbeitsamtsdirektor Hermann Haertel stand. Hier wurde die bevorzugte Arbeitsvermittlung organisiert, die den Männern in Schwarz seit dem 1. Juni 1933 per Gesetz zustand. Für schwere Fälle betrieb die SS sogar eigene Arbeitsbeschaffungsprogramme, etwa den «Hilfsgrenzschutz» oder diverse «SS-Wachen». Geboten wurde aber auch ein privilegierter Zugang zu den Leistungen der Nationalsozialistischen Volkswohlfahrt und der Organisation Kraft durch Freude. So kamen alljährlich mehrere tausend SS-Männer in den Genuss von Urlaubsfreiplätzen. Besonders bedürftige Mitglieder der «Sippengemeinschaft» konnten schließlich mit kleinen Zuschüssen aus der «Fürsorgekasse des Reichsführers-SS» oder diversen «schwarzen Kassen» regionaler und lokaler SS-Führer rechnen.

Neben den Belohnungen und Strafen wurde auch im Rahmen des regulären SS-Dienstes erzieherisch auf die SS-Angehörigen eingewirkt, um die ununterbrochene «Arbeit an uns selbst» und die «planmäßige Entwicklung» jedes einzelnen SS-Mannes sicherzustellen. Dazu standen seit 1933 in der Allgemeinen SS, also denjenigen Einheiten, deren Männer weiterhin freiwillig und ehrenamtlich neben ihrem normalen Beruf SS-Dienst taten, an zwei Abenden pro Woche je circa zwei, an zwei Sonntagen pro Monat zusätzlich je drei bis sechs Stunden zur Verfügung. In den sukzessive ausgebauten, in der Regel kasernierten Profieinheiten der Waffen-SS und der Konzentrationslagerwachverbände waren dieser dienstlichen Erziehung dagegen so gut wie keine zeitlichen Grenzen gesetzt.

Gerade der SS-Sport galt dabei als eines der «wichtigsten Erziehungsmittel der SS». So hatte es Erich von dem Bach-Zeleweski formuliert, ein 1899 in Pommern geborener Spross aus verarmtem Landadel, der sich 1930 der NSDAP, im Jahr darauf der SS angeschlossen hatte und seit 1934 als Oberabschnittsführer fungierte, bevor er im Zweiten Weltkrieg zum berüchtigten «Chef der Bandenbekämpfung» in Russland und damit zu einem der Protagonisten der deutschen Kriegsverbrechen wurde. In der «Kampfzeit» bzw. bis zur Wiedereinführung der allgemeinen Wehrpflicht im März 1935 lag der Fokus noch auf dem Wehrsport, das heißt Exerzier-, Marschier-, Schieß- und Geländeübungen, mit denen den Männern, welchen die Abrüstungsbedingungen des Versailler Vertrags die «Schule der Männlichkeit» verwehrt hatten, die Grundlagen des Soldatentums vermittelt werden sollten. Nach Hitlers kalkuliertem Bruch mit Versailles war diese «Soldatenspielerei» – so die spöttische Bewertung der Profis von der Reichswehr – obsolet geworden. Nun konnte sich der SS-Sport allgemeineren Zielen widmen, etwa der Förderung des Wettkampfgeistes und des kameradschaftlichen Zusammenhalts, der Überwindung einer vermeintlich vom Christentum induzierten, den «nordischen» Deutschen «artfremden» Körperfeindlichkeit oder ganz allgemein der Schaffung von «Körpern mit Riesenkräften» für jede nur denkbare «Stunde der Bewährung» im Dienst Hitlers und Himmlers.

Zum führenden Mann des ab 1935 aufgebauten Apparats von Sportreferenten und Sportwarten bei allen SS-Einheiten wurde Richard Herrmann, der wie Scharfe sowohl im Militär als auch in der Polizei gedient hatte, bevor er ab 1930 die schwäbische SA aufbaute und nebenbei eine Karriere als Hand- und Basketballfunktionär machte. Aufgrund seiner Stellung im

Reichsbund für Leibesübungen holte ihn Himmler auf Empfehlung des sportverrückten SD-Chefs Heydrich in die Schutzstaffel.

Anstelle des Wehrsports wurden nun etwa eineinhalb bis zwei Stunden wöchentlich Leichtathletik, Gymnastik und Schwimmen betrieben, vereinzelt auch Fechten und Ballsport. Als Ziel hatte Himmler 1935 ausgegeben, dass jeder SS-Mann unter 50 Jahren das SA-Sportabzeichen, möglichst auch das schwierigere Reichssportabzeichen zu erwerben hatte. Konkret wurde von einem SS-Mann erwartet, fünf Kilometer in unter 25 Minuten zu laufen oder 25 Kilometer in unter vier Stunden zu marschieren und die Kugel 16 Meter weit zu stoßen. Zur Überprüfung des kollektiven Leistungsstands kam es in den «Frühjahrswettkämpfen», in denen sich seit 1936 die Stürme jedes Sturmbanns miteinander maßen, sowie in den «Sonnwendkämpfen», die als Reichsmeisterschaften von Auswahlmannschaften der SS-Oberabschnitte ausgetragen wurden. Die «Erfüller-Quote» der SS lag beim SA-Sportabzeichen Ende 1938 immerhin bei 34%, beim Reichssportabzeichen jedoch bei nur 10%. Himmler selbst ging trotz seiner von Natur aus eher schwächlichen Konstitution mit gutem Beispiel voran und besaß seit 1936 beide Auszeichnungen.

Um Vorbildwirkung nach innen zu entfalten und der Schutzstaffel nach außen «auch in der Sportbewegung einen führenden Platz [zu] erkämpfen», gab es seit 1935 zudem die sogenannten SS-Sportgemeinschaften, in denen ausgesuchte und zum Teil eigens angeworbene Wettkampfsportler unter weitgehender Freistellung vom regulären SS-Dienst trainierten, um den «Schwarzen Orden» anschließend in allgemeinen Sportwettkämpfen zu vertreten. Bis 1939 wurden derartige Wettkampfkader in 37 deutschen Städten gegründet.

Wie wichtig sportlicher Erfolg für die Arbeit am Eliteimage der SS war, zeigt der Umgang mit «Sporthelden» wie dem Autorennfahrer Bernd Rosemeyer oder dem Langläufer und nordischen Kombinierer Willy Bogner. Rosemeyer, der der Schutzstaffel seit Herbst 1933 angehörte, Mitte der 1930er Jahre in Serie Triumphe für die «Silberpfeile» der Auto-Union einfuhr und den Geschwindigkeitsweltrekord hielt, konnte es sich beispielsweise erlauben, die Genehmigung für seine Prominentenhochzeit mit der Sportfliegerin Elly Beinhorn beim Rasse- und Siedlungshauptamt nur eine Woche vor dem angesetzten Termin und mit völlig unzureichend ausgefüllten Unterlagen zu beantragen. Himmler persönlich erteilte die Erlaubnis im Eilverfahren nach exakt sechs Tagen. Bogner, der im Januar 1935 eine SS-Langlauf-Staffel zu einem prestigeträchtigen Sieg über die SA bei den «NS-Winterkampfspielen» geführt und ein Jahr darauf in Garmisch-Partenkirchen den Eid der Athleten bei der Eröffnung der Winterolympiade gesprochen hatte, ließ es die SS sogar sanktionslos durchgehen, dass er ganz ohne vorherige Genehmigung heiratete.

Das möglicherweise wichtigste «Erziehungsmittel» der SS war schließlich die Schulung der SS-Männer, mit deren Hilfe die Schutzstaffel zu einem «weltanschaulichen Bollwerk» aus den «überzeugtesten Propagandisten der Bewegung» gemacht werden sollte. Diesem Ziel stand jedoch im Weg, dass viele der Altmitglieder aus der «Kampfzeit» eher schlagkräftige Tatmenschen als theoretisch interessierte Ideologen waren. Und zahlreiche «Märzgefallene» von 1933/34 waren zur Schutzstaffel gestoßen, ohne – so die Klage bei einer SS-Gruppenführertagung im Juli 1935 – auch nur die «elementarsten Grundideen» des Nationalsozialismus ausreichend zu kennen. Laut der Aussage eines Standartenschulungsleiters im selben Jahr hatten nicht wenige SS-Männer zu diesem Zeitpunkt weder *Mein Kampf* noch das *25-Punkte-Programm der NSDAP* gelesen.

Um daran etwas zu ändern, wurde zwischen 1933 und 1935 in mehreren Schritten und unter erheblichen Mühen ein Schulungsprogramm für die gesamte SS-Mitgliederschaft entwickelt, wie es neben der Schutzstaffel und der naturgemäß besonders schulungsaffinen Hitler-Jugend keine andere NS-Organisation betrieb. Allen Einheiten wurden Schulungsleiter zugeordnet, wobei man oft gezielt akademisch gebildete Männer von außen anwarb. An der Spitze des neuen Apparats stand das SS-Schulungsamt unter Karl Motz, einem seit 1929 aktiven «alten

Schulung der Allgemeinen SS, 1934

Kämpfer», der seit 1931 im Münchner «Braunen Haus» der NSDAP-Führung gearbeitet hatte. Als der Bauingenieur Motz 1937 aus ungeklärten Gründen geschasst wurde, übernahm Joachim Caesar die Stelle des obersten Schulungsbeauftragten des «Schwarzen Ordens». Dieser 1901 geborene promovierte Agrarwissenschaftler hatte sich 1931 der «Bewegung» angeschlossen und seit 1934 zur ersten Riege der SS-Rassereferenten gehört.

Als maßgebliches Unterrichtsmaterial gab das Schulungsamt seit Juli 1935 in der Regel monatlich die *SS-Leithefte* heraus. Sie boten Erläuterungen zum Verständnis von *Mein Kampf*, anschauliche Beispiele für die Bedeutung der Ahnenforschung und der «rassebewussten Gattenwahl», vermeintlich unterhaltsame Lehrerzählungen und seit 1938 auch kommentierte Zusammenstellungen zur Tagespolitik des Dritten Reichs. Die ursprünglich wohl aus Furcht vor «weltanschaulichen Sondertouren» ergangene Anordnung, aus den *Leitheften* nur wörtlich vorzulesen, wurde rasch fallengelassen. Vielmehr boten die Schulungsleiter in den nun wöchentlich stattfindenden Unterrichtseinheiten vielfach eine bunte Mischung aus Vorträgen, Aufgabenphasen und Diskussionen. Auch setzten sie regelmäßig für die damalige Zeit recht moderne Medien wie Diareihen und Lehrfilme ein.

Inhaltlich ging es in diesen SS-Schulungen einerseits um die Glorifizierung der «nordisch-arischen Rasse» im Allgemeinen und der NS-Bewegung und der Schutzstaffel im Besonderen. Andererseits wurden die SS-Männer intensiv über diejenigen «aufgeklärt», die laut der SS-Ideologie als «Todfeinde» der Nationalsozialisten galten: Bolschewisten, liberale Freimaurer und politisch aktive Kleriker, vor allem aber die Juden. Diese wurden als Schmarotzer, Parasiten, Blutsauger und Kinderschänder diffamiert, die vor keiner Schandtat zurückschrecken würden, um das «gute Blut» der «Arier» zu verunreinigen und die Deutschen zu unterjochen. Als vermeintlich objektive Beweise für ihre Untaten, die etwa am Beispiel der russischen Geschichte wiederholt in grausamen Details beschrieben wurden, galten unter anderem die bekanntermaßen gefälschten *Protokolle der Weisen von Zion*. Angesichts der Vehemenz des Antisemitismus, der den SS-Männern hier eingehämmert wurde, lässt sich mit Fug und Recht sagen, dass das «Ausbildungsziel Judenmord» lautete – so der Titel eines von Jürgen Matthäus und anderen herausgegebenen Sammelbands zur SS-Schulung.

Um die radikale Weltanschauung der Schutzstaffel auch über die eigenen Reihen hinaus zu verbreiten, gab die Reichsführung-SS zudem mehrere Presseerzeugnisse heraus. Die seit April 1934 monatlich erscheinende *FM-Zeitschrift* war mit einer entsprechenden Auflage an die rund 350000 fördernden Mitglieder der Schutzstaffel adressiert, die dieser monatlich jeweils einen Mindestbetrag von einer Reichsmark spendeten.

Eine noch höhere Auflage erreichte mit zwischen 1938 und 1944 konstant über einer halben Million Exemplaren die am Kiosk sowie per Abonnement vertriebene Zeitschrift *Das Schwarze Korps*. Damit war die «Stimme der SS» nach Goebbels' Edelpostille *Das Reich* das zweiterfolgreichste Wochenperiodikum des Dritten Reichs. Zum Erfolg trug die moderne Aufmachung des Blattes mit vielen Bildern und einem unorthodoxen Layout ebenso bei wie die Tatsache, dass hier recht unverblümt Kritik an der «Verbonzung» mancher Nazigrößen geübt wurde, wodurch sich die Schutzstaffel als eine Art «Gralshüter des wahren Nationalsozialismus» gerierte. Für Inhalt, Aufmachung und Erfolg des *Schwarzen Korps* war im Wesentlichen Gunter d'Alquen zuständig, ein 1910 geborener Mann, der sich schon als Jugendlicher der NS-Bewegung und 1931 der SS angeschlossen hatte. Bevor er 1935 Blattmacher der Reichsführung-SS wurde, hatte er als Sonderberichterstatter des *Völkischen Beobachters* zu Hitlers Wahlkämpfen auf sich aufmerksam gemacht. Wie radikal antisemitisch auch *Das Schwarze Korps* war, belegt der Artikel «Juden, was nun?» vom 28. November 1938. Kurz nach der «Reichskristallnacht» wurde den Juden in einer perversen Verdrehung der Tatsachen darin «Kriegs- und Mordhetze» gegen Deutschland vorgeworfen und dazu aufgerufen, «die Judenfrage nunmehr ihrer totalen Lösung zu[zu]führen». Als solche wurde explizit die «restlose Vernichtung» aller Juden ins Auge gefasst.

3. Ein schwarzer Kult?

Zur «seelischen Vertiefung der Schulungsarbeit» – so Kurt Eggers, der Beauftragte für das Feierwesen in Darrés Rasse- und Siedlungshauptamt, in einem programmatischen Aufsatz in den *Leitheften* vom Mai 1937 – und um den SS-Männern «gemeinsame starke Erlebnisse» zu verschaffen, inszenierte die Schutzstaffel seit Ende 1934 für alle SS-Einheiten Sonnwendfeiern. Einem vermeintlich alten, «germanisch-nordischen» Brauch folgend, in Wirklichkeit aber eher in Anknüpfung an entsprechende Usancen der bürgerlichen Jugendbewegung des «Wandervogels» seit Ende des 19. Jahrhunderts, zogen die SS-Stürme am 21. Dezember und am 21. Juni eines jeden Jahres spätabends in die Wälder oder Berge ihrer näheren Umgebung, um den Anfang bzw. den Höhepunkt des «Lichtjahres» zu feiern. An den dort aufgeschichteten Feuerstößen pflegten sie mit Liedern,

Feuersprüchen, Reden und Gelöbnissen ihr angeblich «arteigenes Brauchtum».

Dass es bei diesen «Mannschaftsfeiern» nicht nur um die Herstellung von Gruppenzusammenhalt ging, sondern dass sie auch eine religiöse Dimension hatten, zeigt folgender Wortwechsel zwischen einem Sprecher und den angetretenen SS-Männern, der im Rahmen der Wintersonnwendfeier ausgetauscht werden sollte: «Wir glauben an den Gott im All und an die Sendung unseres deutschen Blutes, das ewig jung aus deutscher Erde wächst. Wir glauben an das Volk, des Blutes Träger, und an den Führer, den uns Gott bestimmt.» – «Wir glauben.» – «In dieser Stunde, da das Sonnenrad zu neuem Jahreslauf empor sich schwingt, geloben wir unwandelbare Treue dem Führer stets zu halten, geloben wir, das Erbe unserer Väter als heiliges Vermächtnis stets zu hüten und unserem Volk zu dienen bis zum Tod in der verschworenen Gemeinschaft der SS.» – «Wir geloben.» – «So treten wir in dieser Sonnenwende am heil'gen Feuer vor den deutschen Gott und danken ihm, dass durch den Führer die Freiheit unserm Volke ist geschenkt. Und unsre Hand erheben wir am Feuer zum Schwur der ew'gen Treue.»

Mit dem hier angesprochenen «Gott im All» war keineswegs der Gott der christlichen Dreifaltigkeit gemeint. Das belegt das «Deutsche Gebet», das den SS-Männern im Rahmen der Schulung beigebracht wurde: «Wir wollen als Deutsche auch hintreten vor unseren Gott. Wir wollen aufrecht vor ihn hintreten als das, was wir sind, als Soldaten. [...] Gott ist kein gütiger, alter Mann, der sich zu kindlichen Wünschen lächelnd neigt. [...] Wenn wir uns von Gott kein Bildnis und Gleichnis machen können, so spüren wir doch in allem seine Gegenwart. [...] Wenn wir beten, beten wir um Kraft.»

Die in beiden Texten spürbare Vagheit hinsichtlich des Gottesbegriffs hatte zwei Ursachen. Erstens befand sich Himmler selbst auf einer steten religiösen Suche. In den 1920er Jahren hatte er sich in kritischer Auseinandersetzung mit dem politischen Katholizismus zunehmend von den Sicherheiten gelöst, die ihm sein katholisches Elternhaus vermittelt hatte. Da ihm jedoch Agnostizismus ebenso wesensfremd war wie Atheismus, beschäftigte sich Himmler in den folgenden Jahren unter anderem mit Spiritismus, Pendelmagie, Hinduismus und Buddhismus. Besonders angetan war er von neopagan-germanischen bzw. pantheistischen Lehren, die ihm in den Kreisen der «nordischen Bewegung» oder des Vereins der Artamanen begegneten.

Wie wirr Himmlers religiöses Denken letztlich war, zeigt die Tatsache, dass er sich mehrere Jahre lang ausgerechnet von Karl Maria Wiligut spirituell beraten ließ. Dieser ehemalige kaiserlich-königliche Offizier aus Österreich hatte sich nach seiner Pensionierung in den 1920er Jahren als «Weisthor» einen Namen unter «nordischen» Okkultisten gemacht. Unter anderem behauptete er, als Nachfahre germanischer Könige über eine hellseherische «Erberinnerung» zu verfügen. Allerdings hatte er Himmler verschwiegen, dass er nach gewaltsamen Übergriffen auf seine Frau entmündigt worden war und die Jahre von 1924 bis 1927 in einer Nervenheilanstalt verbracht hatte. Als das im Zuge von Alkoholexzessen und Sexualaffären in der zweiten Hälfte der 1930er Jahre bekannt wurde, distanzierte sich der Reichsführer-SS zumindest offiziell von Wiligut. Festzuhalten bleibt, dass Himmler immer wieder und auf ziemlich erratische Weise religiöse Gedanken anklingen ließ, sie aber nie wirklich systematisch oder gar in einer für «seinen» Orden verbindlichen Weise ausformulierte.

Das lag zweitens daran, dass Hitler nach einer Phase, in der sich die Schutzstaffel stark der neopaganen «Deutschen Glaubensbewegung» des Tübinger Religionswissenschaftlers und Indologen Jakob Wilhelm Hauer zuwandte, im Sommer 1935 weiteren Annährungen einen Riegel vorschob. Als sich Klagen aus kirchlichen Kreisen über die neuheidnischen Umtriebe in der Schutzstaffel und anderen Teilen der NS-Bewegung häuften, dekretierte Hitler, Himmler, Darré und der «Beauftragte des Führers für die Überwachung der gesamten geistigen und weltanschaulichen Schulung und Erziehung der NSDAP», Alfred Rosenberg, sollten sofort derartigen «kultischen Unfug abstellen». Offensichtlich wollte Hitler nach den Erfahrungen, die er im Rahmen des evangelischen Kirchenkampfs sowie bei den Verhandlungen zum Reichskonkordat mit der katholischen Kirche gemacht hatte, sich zumindest zu diesem Zeitpunkt auf keinen offenen Konflikt mit den noch immer stark in der deutschen Gesellschaft verwurzelten christlichen Konfessionen einlassen.

Entsprechend vorsichtig mussten Himmler und die Religionsexperten des Rasse- und Siedlungshauptamts – bezeichnenderweise war der dort zuständige Eggers ein ehemaliger evangelischer Geistlicher – bei ihren Versuchen vorgehen, die SS-Männer in Glaubensfragen zu beeinflussen. Offiziell ließ die Reichsführung-SS daher stets betonen, Religion sei in der SS reine Privatsache. Das hinderte sie aber nicht daran, in der Schulung gegen das «jüdisch-römisch geprägte Christentum» und seine vermeintlichen historischen Verfehlungen an der «nordischen Rasse» zu agitieren. Erfolg hatten sie insofern, als immerhin 61 000 SS-Männer bis Ende 1938 aus ihrer Kirche austraten und sich nur noch für allgemein – so der 1936 offiziell von Reichsinnenminister Wilhelm Frick eingeführte Begriff – «gottgläubig» erklärten. Mit etwas über 20% war der Anteil der «Gottgläubigen» in der Schutzstaffel rund fünfmal so hoch wie im Reichsdurchschnitt.

Dass es Himmler nicht nur um die Entchristlichung des «Schwarzen Ordens», sondern letztlich doch um die «Erzeugung einer alternativen Religion» mit «regelrechten religionsanalogen Ritualen und Lebensformen» (Hans Mommsen) ging, zeigen besonders deutlich die «Lebenslauffeste», die die SS auf Wunsch aus der Kirche ausgetretener Männer und ihrer Familien anstelle von Taufe, Hochzeit und Begräbnis anbot. Da entsprechende «Namensweihen», «Eheweihen» und «Totenweihen» aufgrund von Hitlers Anordnung nur im kleinen, persönlichen Kreis abgehalten wurden, lassen sich keine genauen Aussagen über ihre Häufigkeit treffen. Erhaltene Berichte über die Gestaltung zeigen aber eindeutig ihren liturgischen Charakter: An die Stelle des Altars trat in der Regel ein mit einer Hakenkreuz- oder SS-Fahne geschmückter Tisch, auf dem statt der Bibel *Mein Kampf* und statt des Kruzifixes ein Hitlerbild standen. Die mit Grünzeug, Feuerschalen und Runen geschmückten Räume ersetzten die Kirche und der Einheitsführer den Priester, indem er dem Kind seinen «germanischen» Namen gab und den

Vater aufforderte, es als Zeichen der Aufnahme in die «Sippengemeinschaft» der SS aufzuheben, oder indem er die Braut in dieser willkommen hieß und ihr und ihrem Gatten Brot und Salz übergab.

Eine anhaltende Faszination auf esoterische und rechte Zirkel üben bis heute einige «Kultstätten» aus, die Himmler für die Schutzstaffel einrichten ließ. Im «Sachsenhain» in der Nähe der niedersächsischen Stadt Verden wurden auf sein Geheiß zwischen 1934 und 1936 circa 4500 riesige Steinfindlinge in einer gigantischen «Thingstätte» aufgestellt. Himmler war fälschlicherweise davon überzeugt, dass Karl der Große an dieser Stelle im Jahr 782 n. Chr. im Auftrag der Kirche ebendiese Anzahl an Germanen habe hinrichten lassen. Ihrem «guten Blut» wollte er ein Denkmal setzen, das zudem als Feierplatz und Schulungsort genutzt wurde.

Auch zwei weitere «SS-Heiligtümer» sollten an den Widerstreit zwischen Germanentum und Christentum erinnern. An den sogenannten Externsteinen, einer spektakulären Sandsteinformation im Teutoburger Wald, hatten Mönche seit dem Mittelalter christliche Zeremonien durchgeführt und entsprechende Reliefs angelegt. Durch Grabungsarbeiten wollte Himmler nun belegen lassen, dass sie dabei eine viel ältere germanische Kultstätte der «Irminsul» zerstört hätten, die er wiederherzustellen beabsichtigte.

Mit der Inbesitznahme und Umgestaltung des Doms zu Quedlinburg durch die Schutzstaffel seit 1936 ehrte Himmler schließlich den dort begrabenen Kaiser Heinrich I. nicht nur dafür, dass er das «nordisch-deutsche» Ostfrankenreich gegründet und die deutsche Ostsiedlung angestoßen hatte, sondern vor allem auch dafür, dass er sich geweigert hatte, sich von einem von Rom eingesetzten Bischof salben zu lassen, was Himmler als Widerstand gegen die Christianisierung deutete. Bis 1940 wurden alle christlichen Symbole aus dem Dom entfernt. An ihre Stelle traten SS-Fahnen, die neu gestaltete zentrale Kaiserkrypta und ein Rosettenfenster mit Reichsadler und Hakenkreuz.

Noch weit aufwändigere Umbauarbeiten plante Himmler gemeinsam mit dem Architekten Hermann Bartels für die westfälische Wewelsburg. Unter Einsatz von KZ-Zwangsarbeitern machten sie sich daran, das halbverfallene, 1934 von der SS gepachtete Schloss der Fürstbischöfe von Paderborn zu einer gigantischen Versammlungs- und Kultstätte umzubauen, die die Form eines Dreiviertelkreises mit einem Radius von mehr als 400 Metern annehmen sollte. Allerdings wurde daraus aufgrund der kriegsbedingten Verzögerung der Baumaßnahmen nichts. Die heutige «Erinnerungs- und Gedenkstätte Wewelsburg», die eine hervorragende Ausstellung zur Geschichte der Schutzstaffel beherbergt, ist nicht größer als das alte bischöfliche Dreiecksschloss. Im Nordturm, der das Herz der großen «SS-Pfalzanlage» bilden sollte, finden sich zwar tatsächlich mit der «Gruft» im Keller und dem mit dem Bodenornament der «Schwarzen Sonne» geschmückten «Obergruppenführersaal» vermeintliche «Kultorte», über deren Bedeutung Esoteriker bis heute wild spekulieren.

Allerdings gilt für sie dasselbe wie für die gesamte «SS-Religion»: Ihre Gestaltung folgte keinem schlüssigen Gesamtkonzept, sondern war von Zufälligkeiten und willkürlichen Impulsen geprägt. Im Rahmen einer Rede vor den SS-Gruppenführern am 8. November 1936 hatte Himmler selbst klargestellt, dass sich eine «endgültige neue Form» in Glaubensdingen erst allmählich und von unten nach oben herausbilden müsse. Bis 1945 gab es dazu viele Ansätze, aber keinen geschlossenen «schwarzen Kult», dem alle SS-Männer gleichermaßen gehuldigt hätten.

4. Ahnenerbe und Lebensborn

Da sich Himmler aber weder in Bezug auf seine neopaganen religiösen Vorstellungen noch hinsichtlich seiner «nordisch»-rassistischen Überzeugungen mit reiner Spekulation zufrieden geben wollte, gründete er 1935 den Verein «Das Ahnenerbe» als «Studiengesellschaft für Geistesurgeschichte». Dieser sollte durch anthropologische, frühgeschichtliche und archäologische Studien eine wissenschaftliche Basis für die fixen Ideen Himmlers liefern.

Heinrichs-Feier in Quedlinburg, 1938

Dass es dabei eher um Pseudowissenschaft ging, zeigt nicht nur der in dieser Konstruktion angelegte Denkfehler, der rationaler und ergebnisoffener Forschung grundsätzlich widersprach. Denn als wichtigsten Partner und ersten Präsidenten des Ahnenerbes wählte der Reichsführer-SS eine höchst umstrittene Figur. Herman Wirth war 1895 im holländischen Utrecht geboren worden. Nach einem recht bunten geisteswissenschaftlichen Studium und einer musikhistorischen Promotion siedelte er 1923 nach Deutschland über, wo er sich in der völkisch-esoterischen Szene rasch einen Namen machte, indem er behauptete, Kenntnisse über eine frühgermanische Hochkultur zu besitzen, die er mit Sehnsuchtsnamen wie Thule oder Atlantis in Verbindung brachte. Wirth beanspruchte, über einen Beweis für seine Theorien zu verfügen: die in Runenschrift verfasste Ura-Linda-Chronik, die er 1933 in einer deutschen Übersetzung veröffentlichte.

Gemeinsam mit Wolfram Sievers, einem 1905 geborenen Buchhändler, der seit 1929 der NSDAP angehörte, seit 1932 als Wirths Assistent und seit 1935 als Geschäftsführer des Ahnenerbes fungierte, machten sich Himmler und Wirth daran, mit SS-Mitteln, Zuschüssen von Darrés Reichsnährstand und Geldern der Deutschen Forschungsgemeinschaft germanische Ausgrabungen, runenkundliche Forschungen und Expeditionen zu fördern. Das Ergebnis war eine bizarre Mischung aus bis heute respektierten wissenschaftlichen Funden, wie dem Wikingerdorf Haithabu, und völlig abwegigen, den erratischen Vorgaben des Auftraggebers geschuldeten Ansätzen, wie dem Versuch Ernst Schäfers, im Rahmen seiner Tibetreise von 1938/39 Belege für die Richtigkeit der «Welteislehre» zu finden, oder der berüchtigten «Hexenkartothek», mit deren Hilfe Himmler die Verbrechen der katholischen Kirche an Frauen «guten Blutes» dokumentieren wollte.

Als 1937 bewiesen wurde, dass Wirths Chronik eine Fälschung war, drohte das Ahnenerbe in eine ernste Krise zu geraten. Himmler reagierte, indem er Wirth aus der Organisation drängte und ihn durch den akademisch ungleich respektableren Walther Wüst ersetzte. Der Indologe Wüst war ein Jungstar der NS-Geisteswissenschaft. 1923 hatte er im Alter von nur 21 Jahren seine Promotion abgeschlossen, schon 1926 auch seine Habilitation. 1933/34 hatte er sich der NSDAP, dem Nationalsozialistischen Dozentenbund und dem Sicherheitsdienst der SS angeschlossen, 1935 war er Professor und Dekan an der LMU München, 1936 SS-Ehrenführer geworden. Während Wüsts Engagement für einen etwas höheren Grad an Wissenschaftlichkeit in den Projekten des Ahnenerbes stand, scheiterten er und Himmler laut Michael Kater, der das Standardwerk über diese

SS-Teilorganisation geschrieben hat, mit dem Versuch, über das Ahnenerbe eine «kulturpolitische Herrschaftsfunktion» und maßgeblichen wissenschaftspolitischen Einfluss auszuüben, auf ganzer Linie. Allenfalls im Spezialgebiet der Vor- und Frühgeschichte errangen SS-Forscher eine gewisse Dominanz.

Im Zweiten Weltkrieg gerieten diese Spezialisten dann allerdings ins Abseits. Auch das Ahnenerbe wandte sich nun der «wehrwirtschaftlichen Zweckforschung» zu und geriet damit in verbrecherisches Fahrwasser. Denn neben Autarkie-Projekte wie der Suche nach Verfahren zur Treibstoffgewinnung aus Ölschiefer traten nun Menschenversuche in den KZs. Beispielsweise führte der junge Arzt Sigmund Rascher, der seit 1939 SS-Mitglied war, in Dachau an Häftlingen Unterdruck- und Kälteexperimente durch, mit denen er die Überlebenschancen abgeschossener Luftwaffenpiloten erkunden und verbessern wollte. Dass dabei fast die Hälfte seiner 500 Opfer ums Leben kam, kümmerte Rascher nicht. Ähnlich skrupellos gingen auch die SS-Anthropologen Bruno Beger und Hans Fleischhaker vor, die 1943 86 Auschwitzhäftlinge verschleppten und ermordeten, um aus ihren Leichen eine Skelettsammlung für die Reichsuniversität Straßburg herzustellen. Ihr Auftraggeber, der Straßburger Anatom August Hirt, zeichnete zudem für Senfgas-Versuche im KZ Natzweiler-Struthof verantwortlich. Diese Beispiele belegen, wie eng und letztlich untrennbar in der Schutzstaffel vermeintlich harmlose Spinnereien und tödliche Verbrechen miteinander verbunden waren.

Ähnliches lässt sich über eine zweite SS-Unterorganisation sagen, deren Name nicht minder mythenumrankt ist als der des Ahnenerbes. Auch der sogenannte Lebensborn war 1935, wenige Monate nach dem Ahnenerbe, von Himmler als eingetragener Verein, der aber stets von der Schutzstaffel abhängig blieb, gegründet worden. Sinn des Vereins war es, das bevölkerungspolitische Ziel der «Aufnordung» des deutschen Volkes zu fördern. Dazu sollten aber, entgegen anderslautender Gerüchte, die schon zu Zeiten des Dritten Reichs die Runde machten und seitdem in zahlreichen Publikationen kolportiert wurden, keine Menschenzuchtanstalten entstehen, in denen besonders «nor-

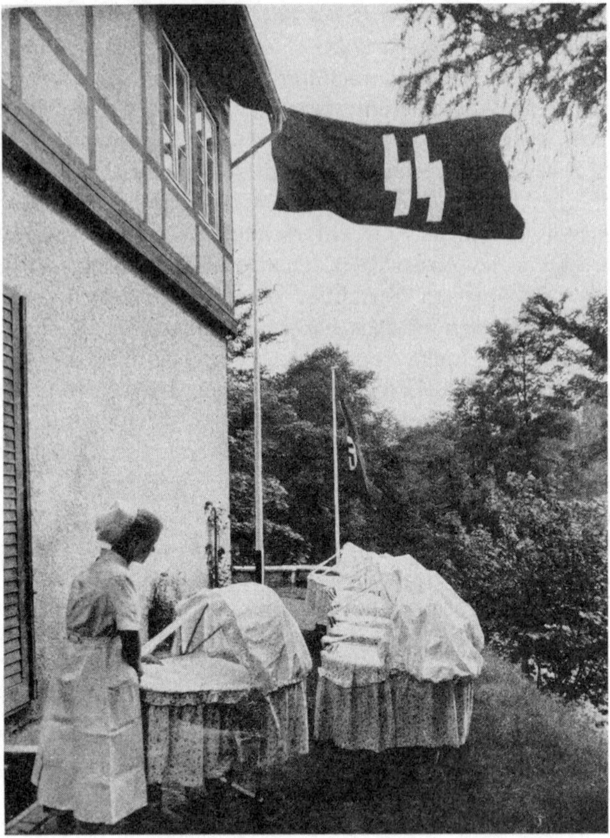

Ein Heim des Lebensborn

dische» Frauen gezielt mit SS-Männern gepaart wurden. Vielmehr ging es darum, Frauen, die den rassistischen Kriterien der SS entsprachen und unehelich schwanger geworden waren, an einer Abtreibung zu hindern, indem man ihnen die Möglichkeit zu einer diskreten Entbindung und Abwicklung einer Adoption gab.

Dazu wurden zuerst im oberbayerischen Steinhöring, etwa

auf halber Strecke zwischen Ebersberg und Wasserburg gelegen, dann an acht weiteren Orten des Deutschen Reiches sowie schließlich auch an zwölf Orten in den besetzten Gebieten Belgiens, Frankreichs, Luxemburgs und Norwegens Entbindungsheime eingerichtet. Dorthin konnten die Schwangeren, nachdem sie die nötigen Untersuchungen hinsichtlich ihrer «rassischen» Eignung, Abstammung und «Erbgesundheit» erfolgreich absolviert hatten, einige Wochen vor dem Geburtstermin kommen. Da die Heime abgelegen und jeweils mit eigenen Standesämtern und polizeilichen Meldestellen ausgestattet waren, konnten die Frauen nach außen ihre Anonymität wahren. Nach der Entbindung kümmerte sich das Lebensborn-Personal, wenn das gewünscht war, um die Vermittlung der Kinder an Adoptiveltern, die zumeist aus der «Sippengemeinschaft» der SS kamen, und die jungen Mütter kehrten, ohne dass ihr soziales Ansehen Schaden genommen hätte, nach überstandener «Kur» in ihre Heimatorte zurück.

Die ärztliche Leitung des Lebensborns übernahm Gregor Ebner, ein 1892 geborener Veteran des Ersten Weltkriegs, der schon seit 1930 der NSDAP, seit 1931 auch der Schutzstaffel angehörte und eine Zeit lang Himmlers Hausarzt gewesen war. Die Geschäftsführung des Vereins lag bei Guntram Pflaum, einem kaufmännischen Angestellten, der 1932 zur SS gestoßen war, und nach dessen Entlassung wegen der Überschuldung des Vereins ab 1940 bei Max Sollmann, einem «Alten Kämpfer», der schon am Hitler-Putsch teilgenommen hatte.

Die Bemühungen des Lebensborns passten hervorragend zu anderen Versuchen Himmlers, die SS-Angehörigen dazu zu ermuntern, endlich ihren Beitrag zur Bekämpfung der deutschen Geburtenarmut zu erbringen. Denn Ende 1938 waren immer noch 57% der SS-Männer ledig, nur 26% waren schon Väter und gar nur 8% hatten die vorgesehene «Mindestkinderzahl» von vier schon erreicht. Um Abhilfe zu schaffen, erließ Himmler am 28. Oktober 1939 den berüchtigten «Zeugungsbefehl», in dem er an «deutsche Frauen und Mädel guten Blutes» appellierte, auch «über die Grenzen vielleicht sonst notwendiger bürgerlicher Gesetze und Gewohnheiten hinaus [...] Mütter der

Kinder ins Feld ziehender Soldaten zu werden». Da Teile der Wehrmachtsführung dies als Aufruf an die SS-Männer interpretierten, verheirateten deutschen Landsern Hörner aufzusetzen, musste Himmler im Januar 1940 eine Klarstellung publizieren. Doch im Kern hielt er, wie nicht nur der kontinuierliche Ausbau der Lebensborn-Heime belegt, an seinen Plänen zur Förderung der Kinderzahl fest. Beispielsweise dachte er, der selbst während des Krieges eine Affäre und zwei Kinder mit seiner Sekretärin Hedwig Potthast hatte, auch darüber nach, besonders verdienten bzw. «rassisch» wertvollen Männern eine Zweitehe zu gestatten, die er einmal mehr in Anlehnung an vermeintliches altdeutsch-germanisches Brauchtum «Friedelehe» nennen wollte.

Mit insgesamt gerade einmal 8000 bis 11 000 Entbindungen blieb der Lebensborn aber weit hinter Himmlers ehrgeizigen Plänen zurück. Bei aller Tragik für die betroffenen Kinder – seit 2005 gibt es für sie die Selbsthilfeorganisation «Lebensspuren e. V.» – blieb er eine historische Marginalie. Diese allerdings war auch nicht frei vom verbrecherischen Charakter der Schutzstaffel. Denn im Krieg beteiligte sich der Lebensborn an der Selektion und Entführung von mehreren hundert Kindern und Jugendlichen «guten Blutes» aus den besetzten Gebieten, die ins Reichsgebiet gebracht und dort unter neuem Namen zur Adoption freigegeben wurden.

IV. Das Staatsschutzkorps des Dritten Reichs

1. Das System der Konzentrationslager

Die SS-Männer waren deutlich überproportional an der Gewaltwelle beteiligt, die auf den 30. Januar 1933 folgte. Nachdem Reichspräsident Paul von Hindenburg Hitler zum Reichskanzler einer Koalition aus NSDAP, DNVP, Stahlhelm und parteilosen Konservativen ernannt hatte, erübrigte sich für die Angehörigen der Sturmabteilung und der Schutzstaffel die Rücksichtnahme auf Hitlers Legalitätstaktik. Denn im Reichsinnenministerium saß nun Wilhelm Frick und die Führung der preußischen Polizei hatte kommissarisch Göring an sich gerissen. Letzterer schuf im Februar 1933 eine 50000 Mann starke Hilfspolizei, der 15000 Mitglieder des «Schwarzen Ordens» angehörten. Im berüchtigten «Schießerlass» machte Göring deutlich, was er von ihnen erwartete: unbedingte Härte gegen die kommunistischen und sozialdemokratischen Erzfeinde der Nationalsozialisten.

Als Ende des Monats der niederländische Anarchist Marinus van der Lubbe den Reichstag anzündete – für die immer wieder kolportierte These einer NS-Täterschaft fehlen bis heute stichhaltige Beweise –, konnten die Nationalsozialisten ihrem Terror einen konterrevolutionären Anstrich geben. Darüber hinaus erwies Hindenburg ihnen einen weiteren fatalen Dienst, indem er mit der «Brandverordnung» die in der Weimarer Reichsverfassung verbrieften Menschen- und Bürgerrechte außer Kraft setzte. Diese Notverordnung «zum Schutz von Volk und Staat», die bis 1945 in Kraft blieb, entwickelte sich zum eigentlichen Grundgesetz des Dritten Reichs.

Nun wurden in wenigen Monaten circa 100000 politische Gegner der Nationalsozialisten in «Schutzhaft» genommen und in ungefähr 160 improvisierte Haftanstalten verschleppt, die im ganzen Reich unter der Kontrolle von früh gleichgeschalteten

Polizeieinheiten, vor allem aber der NS-Kampfbünde entstanden. Wie heterogen diese «wilden Konzentrationslager» waren, zeigen die zwölf derartigen Einrichtungen, für die sich eine Beteiligung der Schutzstaffel nachweisen lässt. Sie entstanden in bereits bestehenden SS-Wachen und SS-Heimen (u.a. Witten und Essen), alten Gefängnissen (Berlin-Columbiahaus), besetzten «Volkshäusern» der Arbeiterbewegung (Reichenbach) oder leer stehenden Industriegebäuden (Stettin-Bredow). Die Standorte lagen teils abseits und versteckt, teils aber auch ganz zentral. Die Wachmannschaften waren bunt aus Schutzpolizisten sowie arbeitslosen SS- und SA-Angehörigen zusammengewürfelt. Diese wurden vom Hilfspolizeisold, aber auch durch «Unkostenbeiträge» entlohnt, die den Opfern abgepresst wurden.

Was all diese Orte einte, war die exzessive Gewalt, mit der der Widerstandsgeist der Schutzhäftlinge gebrochen werden sollte, die aber auch schlicht und einfach dem Ausleben der sadistischen Triebe und aufgestauten Aggressionen der nationalsozialistischen Wärter diente. Vielerorts wurden neu eingelieferte Insassen mit «Begrüßungsprügeln» oder Spießrutenläufen empfangen. Schikanöse Torturen wie Ermüdungsläufe, stundenlanges Strafexerzieren oder sinnlose Erdarbeiten waren ebenso üblich wie eigene Folterräume – Schreckensorte, die rasch spezielle Namen wie «Tränenkeller» (Witten) oder «Freudenzimmer» (Moringen) erhielten. Vielfach wurden die Opfer mit Peitschen, Knüppeln, Ketten und Ochsenziemern regelrecht zu Tode geprügelt. Die genaue Zahl der politischen Morde in den «wilden Konzentrationslagern» des Jahres 1933, die als Selbstmorde, Herzinfarkte oder Erschießungen auf der Flucht verbrämt wurden, lässt sich bislang ebenso wenig ermitteln wie diejenige der Folterstätten. Seriöse Schätzungen schwanken zwischen 500 und 1000 Todesfällen.

Wie wenig die SS-Männer sich anfangs bemüßigt fühlten, ihre Brutalität zu verbergen, zeigen beispielhaft die Fälle Witten und Reichenbach. In Witten war das Schutzhaftgefängnis im Flügel des örtlichen Lyzeums entstanden, und bald häuften sich Klagen, dass Schüler Zeugen von Schmerzensschreien wurden. Um ähnlicher «Lärmbelästigung» entgegenzuwirken, spendete die

Dachauer Häftlinge bei der Zwangsarbeit, 1933

Reichenbacher NS-Frauenschaft der örtlichen Schutzstaffel ein «Abdämpfkissen», in das die Köpfe der Opfer gepresst werden sollten.

Himmler, der im Frühjahr 1933 zum Polizeipräsidenten von München und Chef der politischen Polizei Bayerns ernannt worden war, erkannte relativ rasch die Nachteile, die ein derart ungezügeltes Vorgehen mit sich brachte. Er hatte das zentrale Schutzhaftlager in Bayern auf dem Gelände einer ehemaligen Munitionsfabrik einrichten lassen, die unweit der Kleinstadt Dachau im Norden der bayerischen Landeshauptstadt lag. Das Kommando über das KZ hatte zunächst eine Hundertschaft der bayerischen Schutzpolizei, ab Mitte April 1933 aber eine Hilfspolizeitruppe übernommen, die aus Landshuter, Augsburger und Münchner SS-Angehörigen zusammengestellt worden war und unter dem Kommando von SS-Hauptsturmführer Hilmar Wäckerle stand. Für die zu diesem Zeitpunkt 223 Insassen bedeutete der Übergang des Lagers in die Kontrolle der Schutzstaffel eine dramatische Verschlechterung ihrer Lage. Denn Wäckerle und sein unmittelbarer Vorgesetzter, SS-Oberführer

Erasmus von Malsen-Ponickau, machten die Wärter gezielt «scharf». Nun wurde auch in Dachau ein spezieller Folterort eingerichtet, der sogenannte Bunker. Bis Ende Mai 1933 waren unter diesem Terrorregime 13 Menschen ums Leben gekommen, was die Staatsanwaltschaft München auf den Plan rief.

Zwar gelang es Himmler, die entsprechenden Untersuchungen «abzubiegen». Er sah aber offensichtlich ein, dass die deutsche Rechtsstaatstradition und die noch immer wenig gefestigte Lage des Regimes eine systematischere und «ordentlichere» Art des Terrors erforderlich machten. Dass es dabei aber nur um eine formale und nicht um eine inhaltliche Mäßigung ging, belegt die personelle Schlüsselentscheidung, die Himmler nun traf. Zum neuen Dachauer Kommandanten und damit zum Organisator des nun angestrebten «Modell-KZs» ernannte der Reichsführer-SS Theodor Eicke. Dieser war 1892 in Elsass-Lothringen auf die Welt gekommen und hatte sich nach dem Abschluss der Realschule freiwillig zum Heer gemeldet. Die Niederlage im Ersten Weltkrieg brachte für Eicke nicht nur das Ende seiner Unteroffizierslaufbahn als Zahlmeister, sondern auch den Verlust der Heimat und eine tiefe soziale Krise. Denn der erhoffte Übergang in den Polizeidienst misslang dem jungen Ehemann und Vater mehrfach. Nach mehreren Wohnortwechseln fand er erst 1923 eine neue Festanstellung als Werkschützer einer Chemiefabrik in Ludwigshafen.

Seinen Hass auf die Novemberrevolutionäre und die Weimarer Republik überwand Eicke aber auch hier nicht, denn 1928 trat er in die NSDAP und die SA ein, von der er 1930 in die Schutzstaffel wechselte. Hier tat er sich beim Aufbau der pfälzischen SS-Einheiten derart hervor, dass er schon 1932 den Rang eines SS-Oberführers erreichte. Allerdings geriet er zunehmend in Streit mit dem NSDAP-Gauleiter Josef Bürckel, der eine Art Oberbefehl über alle NS-Organisationen in seinem «Hoheitsgebiet» forderte, und 1932 auch in Konflikt mit dem Gesetz, als in seiner Wohnung eine große Zahl von Sprengsätzen gefunden wurde. Nach einer Verurteilung zu zweijähriger Haft floh Eicke in Absprache mit Himmler in das von Mussolini regierte Italien, wo er am Gardasee das Kommando über ein Lager rechtsradikaler Politflüchtlinge übernahm. Als Hitler die Macht «ergriffen» hatte, kehrte Eicke nach Deutschland zurück, trat im Streit mit Bürckel aber derart aggressiv auf, dass er entmündigt, vorübergehend aus der SS ausgestoßen und in die Psychiatrie Würzburg eingewiesen wurde. Dort holte ihn Himmler nach mehreren demütigen Bittbriefen heraus, wohl wissend, dass sich Eicke nun als Mann «auf Bewährung» voll dem Reichsführer-SS unterwerfen würde.

Im Auftrag Himmlers schottete Eicke das Lager Dachau nach außen ab und disziplinierte seine Wachtruppe mit einer Mischung aus brutalem Drill, fürsorglicher, «kameradschaftlicher» Zuwendung, die ihm den Spitznamen «Papa Eicke» eintrug, und der Aussicht auf außerordentliche Aufstiegschancen, da es im Führerkorps der Schutzstaffel im Gegensatz zum Offizierskorps der Reichswehr keinen Abiturzwang gab. Er unterteilte die KZ-Wächter in die Mitarbeiter des Kommandantur-Stabs, die für das Innenleben des Lagers zuständig waren, einerseits und die Wach- bzw. Totenkopfverbände andererseits, denen die Außenbewachung übertragen wurde. Die KZ-Leitung organisierte er in fünf Abteilungen: Kommandantur und Adjutantur, Politische Abteilung, Schutzhaftlager, Verwaltung und Lagerarzt. Auch die Häftlinge wurden nun verschiedenen Kategorien zugeordnet, die zunächst nach Kriterien des Wohlverhaltens, später nach dem Haftgrund gebildet wurden. Dies folgte ebenso dem Prinzip «Teile und herrsche» wie der Einsatz von privilegierten Funktionshäftlingen unter anderem als Lagerältester, Lagerschreiber, Kapo beim Arbeitseinsatz oder Blockältester. In der Häftlingsgesellschaft wurde damit eine «Grauzone» (Primo Levi) etabliert, in der die Rollen von Täter und Opfer verschwammen.

Im Oktober 1933 erließ Eicke eine Dienstvorschrift für die Wachen und eine Disziplinar- und Strafordnung, die einen vermeintlich exakten Strafkatalog von Essensentzug über Einzelhaft und Prügelstrafe bis hin zur Todesstrafe vorsah. Allerdings wurde diese Regelhaftigkeit in der Praxis systematisch hintertrieben, da die KZ-Wächter weiterhin völlig willkürlich Anlässe für Gewaltexzesse, zum Beispiel falsch «gebaute» Betten, falsches Schaufeln bei der Arbeit oder zu wenig gerades Stehen beim Appell, schufen und zudem ihre Verstöße gegen die offizielle Lagerordnung im Geist der Eickeschen «Kameradschaft» gegenseitig deckten. Somit blieb das Konzentrationslager Dachau auch in der Ära Eicke ein Ort, in dem die SS-Wärter eine neuartige, «absolute Macht» (Wolfgang Sofsky) über die Häftlinge ausübten.

Seit dem Frühjahr 1934 löste Heinrich Himmler Theodor Eicke schrittweise als Kommandant von Dachau ab und erweiterte seine Befugnisse. Eicke dankte es dem Reichsführer-SS unter anderem dadurch, dass er im Rahmen des «Röhm-Putsches» eigenhändig den Stabschef der SA erschoss. Himmler machte Eicke zum «Inspekteur der Konzentrationslager» und beauftragte ihn, alle «wilden» KZs entweder zu schließen oder unter die Kontrolle der SS zu bringen und nach dem Dachauer Modell umzugestalten. Eickes «Inspektion», die zunächst in der Reichshauptstadt Berlin angesiedelt war, wurde zur Zentrale des nationalsozialistischen Lagersystems. Bei der Durchführung des Himmlerschen Auftrags in den Jahren 1934 und 1935 setzte Eicke, dem Vorbild des Reichsführers-SS folgend, auf Männer, die sich zu «bewähren» hatten und somit ganz von ihm abhängig waren.

Hans Loritz beispielsweise war schon zweimal in tiefe Lebenskrisen geraten, bevor er unter Eicke die «Dachauer Schule» durchlief und in Esterwegen, Dachau und Sachsenhausen zum KZ-Kommandanten aufstieg. 1928 hatte der im Jahr 1895 geborene Augsburger seine gesicherte Existenz als Polizist verloren, da er sein Dienstmotorrad privat genutzt sowie Zeugen beleidigt, eingeschüchtert und zu Falschaussagen angestiftet hatte. Diese Zurücksetzung kompensierte der als Gaszählerableser zu den Augsburger Stadtwerken abgeschobene Weltkriegsveteran mit seinem Engagement in der Schutzstaffel. Hier hatte er es bis 1933 zum Führer der schwäbischen SS-Einheiten gebracht, als er sich erneut einen schweren Fehltritt erlaubte und beim NSDAP-Reichsparteitag hochrangige SA-Führer beleidigte. Loritz wurde ins Sammellager für geflohene österreichische Nationalsozialisten strafversetzt, das ebenfalls in

Dachau lag und in dem chaotische Zustände herrschten. Hier «entdeckte» ihn Eicke, holte ihn in die Konzentrationslager-SS und ermöglichte ihm eine zweite NS-Karriere. Die besondere «Treue» von Loritz, der in den folgenden Jahren gemeinsam mit Karl Otto Koch, einem weiteren berüchtigten KZ-Kommandanten, zu einer Art personalpolitischem Berater der Inspektion der Konzentrationslager wurde, dankte ihm Eicke, indem er ihm wiederholt Eigenmächtigkeiten und Korruption durchgehen ließ. Unter anderem ließ sich Loritz am österreichischen Wolfgangsee von Häftlingskommandos mit zweckentfremdetem SS-Baumaterial eine luxuriöse Privatvilla errichten.

Vor der erfolgreichen Reorganisation geriet das KZ-System jedoch in eine Krise. Denn infolge der Ausschaltung der Arbeiterbewegung und der Schließung der «wilden» Lager war die Gesamtzahl der Häftlinge bis Ende 1934 auf nur noch rund 3000 gesunken. Sowohl der zu diesem Zeitpunkt noch parteilose Reichsjustizminister Franz Gürtner als auch der NSDAP-Reichsinnenminister Frick machten sich nun dafür stark, das Instrument der Schutzhaft wieder in die Hände des Staatsapparats zu legen und die Konzentrationslager abzuschaffen. Am 20. Februar 1935 aber entschied der «Führer» gegen die «Legalisten des Unrechtsstaats» (Günter Neliba) und für Himmler und den Erhalt der extralegalen KZs.

Ab 1936 wurde daraufhin der «Ort des Terrors» – so der Titel des bislang umfassendsten Sammelwerks über das KZ-System – grundlegend umgestaltet. In der Nähe der nördlich von Berlin gelegenen Kleinstadt Oranienburg wurde unter dem Namen KZ Sachsenhausen ein Lager neuen Typs gebaut. An die Stelle improvisiert umgenutzter Altgebäude trat ein durchdachtes Ensemble aus einem Kommandantur-Gebäude, SS-eigenen Werkstätten, Wohneinheiten für die Wächter und schachbrettartig angeordneten Baracken für die Häftlinge. 1938 wurde Eickes Inspektionsbehörde in dem neuen Musterlager angesiedelt, nach dessen Vorbild 1937 bis 1939 Dachau umgebaut und die Lager Buchenwald, Flossenbürg, Mauthausen und schließlich Ravensbrück als zentrales Frauen-KZ erbaut wurden. Nach der Schließung aller anderen Lager standen am Vorabend des

Zweiten Weltkriegs relativ einheitliche Haftbedingungen für bis zu 50 000 Häftlingen in den sechs Lagern von Eickes Imperium zur Verfügung, in dem zu diesem Zeitpunkt ungefähr 22 000 Mann der Totenkopfverbände und knapp 600 Angehörige der Kommandanturstäbe dienten. Sie alle hatten sich auf zwölf Jahre für die «Arbeit» in den Konzentrationslagern verpflichtet und hatten die von Eicke konzipierte Spezialausbildung erhalten. Sie waren somit zu Profis des Terrors geworden.

2. Die Verschmelzung von SS und Polizei

Parallel zur Errichtung des KZ-Systems als Kernstück des neuen nationalsozialistischen «Maßnahmenstaates» (Ernst Fraenkel) bemühte sich Himmler auch darum, die Polizei als klassisches Herrschaftsinstrument sukzessive aus ihren «normenstaatlichen» Beschränkungen herauszulösen, zu einer für die ideologischen Ziele der Nationalsozialisten «kämpfenden Verwaltung» umzugestalten und mit der Schutzstaffel zu einem «Staatsschutzkorps» neuen Typs zu verschmelzen.

Sein wichtigster Verbündeter bei diesem Vorhaben war Reinhard Heydrich, der 1904 als Sohn einer wohlsituierten Musikerfamilie geboren worden war. In seiner behüteten, bürgerlich-konservativ und musisch geprägten Kindheit und Jugend deutete außer dem dezidiert «nordischen» Aussehen und der Sportbegeisterung wenig darauf hin, dass aus Heydrich einmal ein «idealer SS-Mann» und das vom britischen Geheimdienst gefürchtete «Superhirn» des NS-Terrors werden würde. Erst in den frühen 1930er Jahren wurde Heydrich rasant «nazifiziert». Diese Entwicklung hatte zwei miteinander zusammenhängende Gründe: Zum einen stammte Lina von Osten, der der 26-jährige Reinhard 1930 in einer «Amour fou» verfiel, aus einer glühend nationalsozialistischen Familie. Zum anderen erwies sich diese Beziehung als fatal für Heydrichs bisherige Laufbahn bei der Reichsmarine. Denn er hatte 1930 noch eine weitere, auch sexuelle Affäre mit der Tochter eines Marinelieferanten, der sich bei der Admiralität beschwerte, als Heydrich diese fallen ließ. Die Intervention hatte Erfolg, und Heydrich wurde «unehrenhaft» entlassen.

Einmal mehr war es Himmler, der einem Gestrauchelten die Chance zum Wiederaufstieg gab. Auf Vermittlung von Heydrichs Jugendfreund Karl von Eberstein, der seit 1929 der Schutzstaffel angehörte und seit dem Frühjahr 1931 für die Oberste SA-Führung in München arbeitete, nahm der Reichsführer Heydrich in den «Schwarzen Orden» auf und beauftragte ihn mit dem Aufbau eines Parteinachrichtendienstes. Dieser trug seit dem Sommer 1932 den Namen Sicherheitsdienst (SD) und war für die Bespitzelung von politischen Gegnern sowie von Hitler-Kritikern in den eigenen Reihen zuständig.

Als Himmler im Frühjahr 1933 die politische Polizei Bayerns übernahm, übertrug er Heydrich die Leitung des Tagesgeschäfts. Mit Hitlers Zustimmung gelang es den beiden, im Lauf gut eines Jahres auch in allen anderen deutschen Ländern die entsprechenden Zuständigkeiten an sich zu ziehen. Heydrich verlagerte seinen Amtssitz nun vom Wittelsbacher Palais in München in das erst im April 1933 von Hermann Göring gegründete Geheime Staatspolizeiamt in der Berliner Prinz-Albrecht-Straße, wo er das «Zentralbüro des Politischen Polizeikommandeurs der Länder» einrichtete. Der von Göring eingesetzte erste Gestapo-Chef Rudolf Diels wurde ebenso abgesetzt wie zehn seiner Kollegen in anderen Ländern. Bezeichnenderweise wurden sieben dieser Stellen nun mit Männern aus dem SD besetzt.

Auf der mittleren und unteren Hierarchieebene kam es dagegen nicht zu einem ähnlich umfassenden Personalaustausch, da viele der alten Beamten der politischen Polizei mit dem radikalen Vorgehen der Nationalsozialisten gegen Kommunisten und Sozialdemokraten durchaus einverstanden waren und sich entsprechend engagiert in den Dienst ihrer neuen Herren stellten. Ihre Loyalität wurde zudem dadurch gefördert, dass die Gestapo unter Heydrichs Führung rasant wuchs. 1934 gehörten ihr ungefähr 2600, 1937 schon 7000 Beamte an. Welch ungeheure Aufstiegschancen sich nun boten, lässt sich an der Karriere Heinrich Müllers nachzeichnen. Dieser 1900 geborene Münchner war seit 1919 für die politische Polizei tätig und hatte sich mühsam vom einfachen zum mittleren Dienst hochgearbeitet. Obwohl er erst 1934 in die SS und gar erst 1939 in die NSDAP eintrat und die formalen Laufbahnvoraussetzungen nicht erfüllte, stieg er dank seines Protegé-Verhältnisses zu Heydrich im Dritten Reich bis zum Gestapo-Chef und Generalleutnant der Polizei auf.

Da die Geheime Staatspolizei nicht nur quantitativ wuchs, sondern 1933/34 neue Kompetenzen wie die Weisungsbefugnis gegenüber allen übrigen Polizeieinheiten und das alleinige Recht, die Schutzhaft zu verhängen, erhielt, bedeutete ihre Usurpation einen enormen Machtgewinn für die Schutzstaffel. Allerdings ist dem nach 1945 entstandenen Mythos zu widersprechen, die Gestapo hätte sich im Verbund mit dem SD zu einer Art allwissenden und omnipräsenten Superbehörde entwickelt, die jeden Gedanken an Widerstand gegen den Nationalsozialismus von vornherein zu einem Akt sträflichen Leichtsinns gemacht hätte. Das Netz aus festen Mitarbeitern und V-Leuten, das Heydrich über das Deutsche Reich werfen ließ, war nie auch nur annähernd so engmaschig wie etwa das der Staatssicherheit in der späten DDR. Während diese etwa in Leipzig auf einen Spitzel für 117 Bürger zurückgreifen konnte, betrug der «Überwachungsschlüssel» für den SD etwa eins zu 1750, für die Gestapo gar nur eins zu 8500. Das bedeutet, dass es der Gestapo ohne die Denunziationsbereitschaft zahlloser «ganz normaler Volksgenossen» niemals gelungen wäre, den Widerstand gegen das Gewaltregime des Dritten Reichs auch nur annähernd so effektiv zu unterdrücken, wie es tatsächlich der Fall war.

Damit, dass sie die Geheime Staatspolizei unter ihre Kontrolle gebracht hatten, gaben sich Himmler und Heydrich noch keineswegs zufrieden. Vielmehr griffen sie, wohl angespornt dadurch, dass Hitler die Schutzstaffel schon im Jahr 1930 aus Dankbarkeit für ihre Dienste während der Stennes-Revolte zum einzigen «Polizeidienst innerhalb der Partei» ernannt hatte, nach weiteren Teilorganisationen und Machtbefugnissen der staatlichen Polizei. Dabei konkurrierten sie einmal mehr mit Reichsinnenminister Wilhelm Frick, der sich nach dem Erlass des Gesetzes über den Neuaufbau des Reiches im Januar 1934 dafür zuständig erklärt hatte, die darin vorgesehene allgemeine Zentralisierung hinsichtlich der Polizei durchzuführen. Die Entscheidung darüber, wem der Griff nach den Organen der inneren Sicherheit erlaubt werden sollte, traf, wie im «Führerstaat» des Dritten Reichs nicht anders zu erwarten, letztlich Adolf Hitler. Bei einer Besprechung mit Himmler im Oktober 1935 signalisierte der «Führer» diesem, dass er den Zuschlag erhalten würde. Am 17. Juni 1936 ließ Hitler seinen Worten Taten folgen und ernannte Himmler zum «Chef der deutschen Polizei». Die Zuordnung dieser Position zum Reichsinnenministerium hatte angesichts des unmittelbaren «Drahts» zwischen dem NSDAP-Chef und seinem Reichsführer-SS bloß formalen Charakter. Der «Legalist» Frick war ausgebootet.

Zwei Grundsatzentscheidungen belegen, dass es Himmler nicht nur um einen weiteren Sieg in den für den Nationalsozialismus und das Dritte Reich so typischen Zuständigkeitsquerelen ging, sondern zumindest auch darum, das Herrschaftsinstrument Polizei ganz neu auszurichten. Erstens beauftragte er das bereits bestehende SS-Schulungsamt damit, nun auch die gesamte deutsche Polizei ideologisch auf die Linie der Schutzstaffel einzuschwören. Zweitens schuf er neue übergeordnete Organisationen, die in ihrer Grundstruktur nicht mehr am klassischen Aufbau deutscher Behörden, sondern an dem der SS ausgerichtet waren.

Das neu gegründete Hauptamt Ordnungspolizei, dem unter anderem die Gendarmerie, die Schutzpolizei und die Gemeindepolizei unterstanden, übergab Himmler Kurt Daluege. Dieser bereits erwähnte Berliner SS-Führer hatte Göring 1933 als «Kommissar zur besonderen Verwendung» im preußischen Innenministerium dabei geholfen, die Organe der inneren Sicherheit des mit Abstand größten deutschen Landes gleichzuschalten und von demokratisch gesinnten Beamten zu «säubern». Dabei hatte Daluege unter anderem 13 preußische Polizeipräsidenten ab- und an ihrer Stelle SA- und SS-Führer eingesetzt. Insgesamt sind im Jahr 1933 auf der Grundlage des Gesetzes zur Wiederherstellung des Berufsbeamtentums zwischen sieben und zehn Prozent der höheren Polizeidienstgrade ausgetauscht worden.

Die Führung der Kriminalpolizei vertraute der Reichsführer-SS dagegen wiederum Heydrich an. Dieser verband die Kripo im neuen Hauptamt Sicherheitspolizei mit der Gestapo. Während Heinrich Müller für Letztere zuständig blieb, fiel die Leitung des bald darauf geschaffenen Reichskriminalpolizeiamts Arthur Nebe zu. Der 1894 geborene Nebe hatte seit 1920 in Berlin eine klassische Kriminalistenkarriere durchlaufen und war ein unbestrittener Fachmann. Doch schon 1931 war er unter dem Einfluss seines Bekannten Daluege der NSDAP und der SA beigetreten, was ihm den begehrten Status eines «alten Kämpfers» des Nationalsozialismus einbrachte. Nebe, den im Lauf des Zweiten Weltkriegs zunehmend Zweifel am «Endsieg» beschlichen, weshalb er sich den konservativen Verschwörern des 20. Juli 1944 annäherte und nach dem gescheiterten Stauffenberg-Attentat hingerichtet wurde, gehört zu den schillerndsten Figuren des Dritten Reichs.

Unter der Führung Himmlers, Heydrichs und Dalueges wurde nicht nur die Gestapo deutlich vergrößert. Auch die Ordnungspolizei wuchs zwischen 1935 und 1938 um circa 15 000, die Kriminalpolizei bis zum Ende des Dritten Reichs um immerhin rund 4000 Beamte. Diese Zuwächse gaben der Reichsführung-SS die Chance, die Polizei sukzessive auch personell mit der Schutzstaffel «zu einem Körper zusammenwachsen zu lassen». Wo irgend möglich wurden neu geschaffene Stellen mit SS-Männern besetzt. Daneben wurden altgediente und neu eingestellte Polizisten, die den SS-Aufnahmekriterien halbwegs entsprachen, mit mehr oder weniger unverhohlenem Druck dazu aufgefordert, der Schutzstaffel beizutreten. Ordnungspolizeibeamte wurden dabei in die Allgemeine SS, Sicherheitspolizisten in den SD aufgenommen. Bis Kriegsbeginn war die von Himmler gewünschte Verschmelzung im Führungskorps der «Orpo» schon zu rund 20%, in dem der «Sipo» bereits zu über 50% vollzogen.

Den Schlussstein der organisatorischen Neuausrichtung bildete die Gründung des Reichssicherheitshauptamts (RSHA) am 27. September 1939. Wenige Wochen nach Kriegsbeginn fasste Heydrich hier die SS- und Parteiorganisation SD mit dem staatlichen Hauptamt Sicherheitspolizei in einer dezidiert «kämpferischen» Behörde zusammen. In seinem Buch «Generation des Unbedingten» hat Michael Wildt eindrucksvoll nachgewiesen, wie wenig das alte Bild von duckmäuserischen, mechanisch funktionierenden «Schreibtischtätern» dem Führungskorps des RSHA gerecht wurde. Wie hochgradig ideologisch dessen meist recht junge und akademisch gebildete Angehörige motiviert waren, zeigt das Beispiel Otto Ohlendorfs. Dieser war 1925 als 18-Jähriger in die NSDAP und die SA, 1927 in die SS eingetreten. Während seines Jura- und Volkswirtschaftsstudiums war er im NS-Studentenbund, während des Referendariats als Schulungsleiter des NS-Beamtenbunds tätig. Zwischen 1933 und 1936 arbeitete er im Kieler Institut für Weltwirtschaft und im Berliner Institut für angewandte Wirtschaftswissenschaften, bevor er als hauptamtlicher Abteilungsleiter zum SD wechselte. Parallel zur Tätigkeit im Sicherheitsdienst bzw. im RSHA, wo er im Sinn eines «totalen Nachrichtendienstes» für die Beobachtung aller «Lebensgebiete» des deutschen Volks zuständig war, machte Ohlendorf 1938 außerdem Karriere als Geschäftsführer der Reichsgruppe Handel und Abteilungsleiter im Reichswirtschaftsministerium. In den von ihm verantworteten «Meldungen aus dem Reich» übte er, der sich selbst als den intellektuellen «Gralshüter des wahren Nationalsozialismus» sah, derart unverblümt Kritik zum Beispiel an der offiziellen NS-Wirtschaftspolitik, dass diese Berichte schließlich eingestellt wurden. Selbst als Zeuge und Angeklagter in den Nürnberger Prozessen trat Ohlendorf als hundertprozentig gläubiger Nationalsozialist auf, der den Holocaust für gerechtfertigt hielt und sich zu neuen Drohungen gegen das «Weltjudentum» verstieg.

3. Von der Unterdrückung politischer Gegner zum Schutz des «Volkskörpers»

Mitte der 1930er Jahre hatte das Staatsschutzkorps, das Himmler und Heydrich aus SS und Polizei bildeten, seinen ursprünglichen Kernauftrag, die Absicherung der Herrschaft Hitlers und die Verteidigung des NS-Staats gegen innere Widerstände, weitgehend erfüllt. Die konservativen Koalitionspartner des Jahres 1933 waren gleich- oder ausgeschaltet und die Arbeiterbewegung zerschlagen. Deshalb sank auch die Zahl der Verhaftungen ehemaliger SPD- bzw. KPD-Anhänger: 1936 wurden noch 13000 inhaftiert, 1937 nur noch 9000, 1938 nicht mehr als 3500.

Einerseits führte das, wie beschrieben, zu einer gewissen Krise des zwischenzeitlich schrumpfenden KZ-Systems, gab der Reichsführung-SS aber andererseits die Möglichkeit, ein neuartiges, weit ambitionierteres Konzept polizeilicher Arbeit zu entwickeln. Zum Vordenker dieses Konzepts wurde Werner Best, der neben Ohlendorf wohl wichtigste SS-Intellektuelle. Den 1903 geborenen Best hatte der «Heldentod» seines Vaters im Ersten Weltkrieg nachhaltig geprägt. Schon als Schüler und Jurastudent setzte er sich militant gegen die französische Rheinlandbesetzung ein und fand Anschluss an die ebenso elitären wie rechtsradikalen Zirkel der «konservativen Revolution» um Ernst Jünger und Ernst von Salomon. Nach Promotion und Referendariat wurde Best zum hessischen Amtsrichter ernannt, machte aber nie seinen Frieden mit dem Weimarer «System», sondern trat 1930 der NSDAP bei. Als die Putschpläne, die er für die «braunen Bataillone» ausgearbeitet hatte, 1931 beschlagnahmt wurden und unter dem Namen «Boxheimer Dokumente» für einen reichsweiten Skandal sorgten, verlor Best seine Anstellung. Er radikalisierte sich weiter und trat der Schutzstaffel bei. 1933/34 war er maßgeblich an der Gleichschaltung der hessischen Polizei beteiligt, danach wurde er zur «rechten Hand» Heydrichs im SD, in der Gestapo, im Hauptamt Sicherheitspolizei und schließlich auch im Reichssicherheitshauptamt.

Gemeinsam mit Heydrich und Himmler entwickelte Best den Plan, die Polizei nicht mehr nur als Exekutivorgan des Staates und seiner Normen einzusetzen, sondern auch für eine Art gesellschaftsbiologische und rassistische Generalprävention im Dienst eines «gesunden Volkskörpers» und einer «Volksgemeinschaft ohne Verbrecher» zu nutzen. Polizeibeamte sollten nicht mehr nur politische Feinde ausschalten und Gesetzesbrecher fangen, sondern gegen all diejenigen vorgehen, «die von den Nationalsozialisten als ‹abweichend› vom ‹normalen›, ‹gesunden› Zustand des Volkes betrachtet wurden» (Karin Orth), wobei die Deutungsmacht darüber, was normal und was abweichend war, allein der Führung von SS und Polizei zufallen sollte. Nachdem Hitler dieses Konzept in mehreren Besprechungen grundsätzlich abgesegnet hatte, veröffentlichte Best es ab 1936 in einer Serie von Artikeln in der Zeitschrift *Deutsches Recht*, dem Zentralorgan des NS-Rechtswahrerbundes.

Mit dem Erlass zur vorbeugenden Verbrechensbekämpfung vom 14. Dezember 1937 und einer Neuauflage des Schutzhafterlasses vom 25. Januar 1938 wurde die mittlerweile Himmler unterstellte Polizei ermächtigt, Verbrecher nach der dritten größeren Vorstrafe oder auch ganz allgemein Menschen wegen «asozialen Verhaltens» für unbegrenzte Zeit in Konzentrationslager zu sperren. Der Rechtsweg war im Fall der «polizeilichen Vorbeugehaft» grundsätzlich ausgeschlossen. Über Beschwerden entschied letztinstanzlich Himmler als Reichsführer-SS und Chef der deutschen Polizei. In Heydrichs Hauptamt Sicherheitspolizei wurden mehrere spezialisierte Reichszentralen für die Umsetzung dieses Konzepts geschaffen, etwa zur «Bekämpfung reisender und gewerbsmäßiger Einbrecher», zur «Bekämpfung der Homosexualität und der Abtreibung» oder zur «Bekämpfung des Zigeunerunwesens».

In mehreren systematisch geplanten Aktionen wurden 1937/38 tausende «Berufs-», «Gewohnheits-» und «Sittlichkeitsverbrecher», Prostituierte, Homosexuelle, Obdachlose, Bettler, Alkoholiker und «Arbeitsscheue», die von den Reichsarbeitsämtern denunziert worden waren, in die Konzentrationslager eingeliefert. Da infolge des «Anschlusses» von Österreich im Frühjahr 1938 auch zahlreiche neue politische Schutzhäftlinge und nach der «Reichspogromnacht» vom 9. November 1938 erstmals auch zehntausende Juden in die Lager kamen, schwoll das KZ-System auf rund 54 000 Insassen an, von denen bei Kriegsbeginn noch 21 000 übrig geblieben waren. Vor allem die Juden, gegen die die SS-Männer, wie beschrieben, in der Schulung systematisch aufgehetzt wurden, und die Homosexuellen, die mit rosa Winkeln für alle sichtbar stigmatisiert wurden, hatten in Eickes Imperium von Anfang an einen besonders schlechten Stand. Es ist bezeichnend, dass die Zahl der KZ-Todesopfer gerade in den Monaten nach der «Kristallnacht» von einigen Dutzend auf einige Hundert pro Monat anstieg.

Neben der nochmals verschärften Brutalität der SS-Wärter und der quantitativen Ausweitung veränderte sich das KZ-System in den Vorkriegsjahren noch in einer dritten Hinsicht. Diese Entwicklung ist untrennbar mit dem Namen Oswald Pohl verbunden, einem 1892 als Sohn eines Facharbeiters bei Thyssen geborenen Mann, der nach dem Abitur aus finanziellen Gründen nicht studieren konnte. Stattdessen diente Pohl von 1912 bis 1934 als Zahlmeister in der Reichsmarine, in der er zuletzt für einen Verwaltungsapparat mit rund 500 Mitarbeitern zuständig war. Schon seit 1926 engagierte er sich aber auch für den Nationalsozialismus. 1933 war Himmler auf ihn aufmerksam geworden, holte ihn im Rang eines Standartenführers in die Schutzstaffel und machte ihn zum Chef der gesamten SS-Verwaltung.

Pohl sorgte dafür, dass die Zwangsarbeit der KZ-Häftlinge systematisiert und rationalisiert wurde. Der Arbeitseinsatz hatte, wie die ebenso berüchtigte wie zynische Inschrift «Arbeit macht frei» auf den Toren von Dachau, Sachsenhausen und einer ganzen Reihe weiterer KZs belegt, von Anfang an zum Alltag der Lagerinsassen gehört. Er war aber lokal ganz verschiedenartig gestaltet worden und diente zunächst in erster Linie der Tyrannisierung der Häftlinge und der Brechung ihres Willens. Vielfach gingen die bewusst eingebauten Schikanen zu Lasten der Arbeitseffektivität.

Pohl und sein Vertreter in der Inspektion der Konzentrationslager, Wilhelm Burböck, richteten die Zwangsarbeit nun auf einen einheitlichen wirtschaftlichen Zweck aus: die Bereitstellung von Baumaterial für nationalsozialistische Großprojekte, zum Beispiel die stetige Erweiterung des Nürnberger Reichsparteitagsgeländes oder die Umgestaltung Berlins zur «Reichshauptstadt Germania». Zu diesem Zweck wurde die SS-eigene Deutsche Erd- und Steinwerke GmbH gegründet, in deren Ziegeleien und Steinbrüchen die Häftlinge als Arbeitssklaven eingesetzt wurden. Die Standorte der neuen Konzentrationslager Sachsenhausen, Buchenwald, Flossenbürg und Mauthausen wurden gezielt nach dem Vorhandensein von Ton- und Gesteinsvorkommen ausgewählt. Dass die rationalere Ausbeutung der Arbeitskraft der Häftlinge keineswegs zu einer Erleichterung der Haftbedingungen führte, belegen die bedrückenden Schilderungen ehemaliger Häftlinge über die «Blutstraße» von Buchenwald oder die «Todesstiege» von Mauthausen.

V. Die Schutzstaffel im Zweiten Weltkrieg

1. Die Waffen-SS

Nur vier Tage nachdem Hitler Ende Januar 1933 zum Reichskanzler ernannt worden war, erklärte er Außenminister Konstantin von Neurath und Reichswehrminister Werner von Blomberg in einer Geheimbesprechung sein politisches Leitziel: Er wolle «Lebensraum» für Deutschland erobern und diesen rücksichtslos «germanisieren». Dass das nicht ohne einen neuen Krieg zu machen war, muss Hitlers Zuhörern klar gewesen sein. Trotz aller anfangs nach außen getragenen Friedensrhetorik bereitete Hitler seinen zweiten Krieg höchst zielstrebig vor. 1935 führte er die Wehrpflicht wieder ein und sprengte damit die Versailler Beschränkung auf ein 100 000-Mann-Heer. 1936 richtete er mit dem Vierjahresplan die deutsche Wirtschaft radikal auf Rüstung und «Kriegsfähigkeit» aus. 1937 bekannte er sich in einer neuerlichen Geheimbesprechung vor den Spitzen des Auswärtigen Amts und der Reichswehr ausdrücklich zum «Weg der Gewalt».

Es stand außer Frage, dass die SS diesen Weg mitzugehen bereit war. Am 8. November 1938, dem Vorabend der Reichspogromnacht, schwor Himmler seine Gruppenführer darauf ein, «das größte Reich» zu schaffen, «das die Erde je gesehen hat». In naher Zukunft gehe es, so der Reichsführer-SS, um «das Großgermanische Reich oder das Nichts». Den Kampf um das deutsche Schicksal wollte der Reichsführer-SS allerdings nicht allein Hitlers neuer Wehrmacht überlassen. Als der «Führer» am 1. September 1939 mit dem «Fall Weiß» den deutschen Angriff auf Polen befahl, stellte ihm seine Schutzstaffel neben den rund 4,5 Millionen regulären deutschen Soldaten eine noch kleine, aber umso entschlossenere Privatarmee zur Verfügung, für die sich bis Ende 1939 der Name Waffen-SS einbürgerte.

Schon 1933 hatten regionale SS-Führer zum Beispiel in München, Ellwangen, Wolterdingen, Bad Arolsen, Dresden, Jüterbog, Zossen und Hamburg unter Namen wie «Stabswache» oder «politische Bereitschaft» kleine bewaffnete und kasernierte SS-Einheiten geschaffen. Daneben war mit der Leibstandarte Adolf Hitler eine Truppe entstanden, die sich als Prätorianergarde verstand. Ihr Führer legte eine der unwahrscheinlichsten Karrieren der Militärgeschichte hin. Josef Dietrich, von jedermann nur Sepp genannt, wurde 1892 im Allgäu als Sohn einfacher Landarbeiter geboren. Nach der Volksschule zog es den unsteten jungen Mann in die Ferne. Auf Wanderjahre in Österreich, Italien und der Schweiz folgte der Wehrdienst in Augsburg. Danach arbeitete Dietrich als Laufbursche einer Bäckerei. Auch nach dem Ersten Weltkrieg, in dem er in einer der ersten deutschen Panzertruppen kämpfte, fand er keinen rechten Anschluss ans bürgerliche Leben. Offenbar war sein rohes Landsknechtsnaturell aber genau das Richtige für die Schutzstaffel, der er 1928 in München beitrat. Schnell stieg Dietrich in der Endphase der Weimarer Republik zum Organisator der bayerischen, dann der süddeutschen SS auf. 1932 übernahm er die Verantwortung für die ursprüngliche Kernaufgabe des «Schwarzen Ordens»: den persönlichen Schutz des «Führers». 1939 zog Dietrich mit seiner Leibstandarte in Hitlers Krieg. An dessen Ende war er, ohne je eine formale Offiziersausbildung genossen zu haben, Kommandeur einer Panzerarmee und als SS-Oberst-Gruppenführer einer der beiden ranghöchsten Männer der Waffen-SS.

Zu Beginn des Dritten Reichs hatte die Reichswehr die (para-)militärischen Ambitionen von SA und SS noch mit Misstrauen beäugt. Die Generäle fürchteten um ihr Monopol als alleinige «Waffenträger der Nation». Es kam zu einem klassischen Kuhhandel: Dafür, dass die Schutzstaffel im Zuge des sogenannten Röhm-Putsches Mitte 1934 die ungleich größere und damit aus Sicht der Reichswehr gefährlichere SA entmachtete, sprach ihr Reichswehrminister Blomberg mit Erlass vom 24. September 1934 das Recht zu, drei stehende und bewaffnete Regimenter zu unterhalten: die Standarte Deutschland mit Sitz in München, die Standarte Germania mit Sitz in Hamburg und eben die

Leibstandarte Adolf Hitler, die ihr Hauptquartier in einer ehemaligen preußischen Kadettenanstalt in Berlin-Lichterfelde hatte, dem Gelände des heutigen Bundesarchivs. Zusammen bildeten diese Einheiten, die aus dem Etat von Reichsinnenminister Frick besoldet wurden, die SS-Verfügungstruppe. Mit diesem Begriff grenzte Himmler sie einerseits von der Masse seiner Freizeit-SS-Männer in der Allgemeinen SS ab, andererseits von Eickes Totenkopfverbänden zur Bewachung der Konzentrationslager.

Um für militärisch qualifizierten und ideologisch geschulten Führernachwuchs zu sorgen, gründete Himmler 1934/35 in Bad Tölz und Braunschweig zwei sogenannte Junkerschulen. Bis Kriegsbeginn wurden hier über 700 junge SS-Führer ausgebildet, von denen rund 50% ihren Dienst in der Verfügungstruppe antraten, während die übrigen in die Stäbe der SS-Oberabschnitte und SS-Abschnitte, die rasch wachsenden Berliner SS-Ämter und auch in den KZ-Dienst gingen. Das beweist, dass es die strikte Trennung zwischen den verschiedenen Unterorganisationen der Schutzstaffel, auf die sich viele Angehörige der Waffen-SS nach dem Zweiten Weltkrieg als vermeintlich unpolitische und saubere «Soldaten wie andere auch» beriefen, nie gegeben hat.

Zum Kommandanten der Braunschweiger Junkerschule und ab Oktober 1936 zum Inspekteur der gesamten Verfügungstruppe berief Himmler Paul Hausser, neben Dietrich die entscheidende Leitfigur der Waffen-SS. Hausser brachte es bis 1945 wie Dietrich zum SS-Oberst-Gruppenführer. Anders als dieser aber war Hausser ein militärischer Vollprofi. Geboren 1880 als Sohn eines preußischen Majors besuchte er eine Kadettenanstalt und wurde noch vor dem Ersten Weltkrieg Hauptmann im kaiserlichen Großen Generalstab. Nach der Niederlage von 1918 fand er im Unterschied zu vielen seiner Kameraden Verwendung bei der verkleinerten Reichswehr, aus der er 1932 im Alter von 51 Jahren regulär im Rang eines Generalleutnants ausschied. Über den erzkonservativen Wehrverband Stahlhelm fand er Anschluss an die NS-Bewegung. 1933 wurde er in die SA aufgenommen, von wo ihn Himmler Ende 1934 für die SS abwarb. Während Himmler bei Hausser das militärische Know-how für den Aufbau der Waffen-SS fand, sah Hausser im «Schwarzen Orden» die Chance, seine Soldatenlaufbahn fortzusetzen. Sein Beitritt zur NSDAP und zahlreiche Ergebenheitsadressen an Himmler belegen allerdings, dass der begnadete Opportunist Hausser keineswegs so unpolitisch war, wie er später zu behaupten versuchte.

An der Seite der Wehrmacht beteiligten sich die beiden bewaffneten Teilorganisationen der Schutzstaffel, Haussers Verfügungstruppe ebenso wie Eickes Totenkopfverbände, 1938/39 an allen kriegsvorbereitenden deutschen Auslandseinsätzen: dem «Anschluss» Österreichs, der «Heimholung» des Sudetenlandes und der Annexion des «Protektorats» Böhmen und Mähren. Beim Polenfeldzug im September und Oktober 1939 waren sie in Regimentsstärke den größeren Kampfverbänden der Wehrmacht unterstellt und schlugen sich mehr schlecht als recht. Selbst über die ihrem Anspruch nach besonders elitäre Leibstandarte urteilte General Johannes Blaskowitz, der Befehlshaber der 8. Armee: «Eine durchschnittliche Einheit, noch unerfahren, nichts Außergewöhnliches.»

Hitler und Himmler jedoch schien diese Bewährung auszureichen, um den Ausbau der bewaffneten SS-Einheiten nun deutlich zu forcieren. Ab Herbst 1939 entstanden eigenständige Waffen-SS-Divisionen, in die die Angehörigen der Verfügungstruppe, Polizeibeamte und die Männer der Totenkopfverbände Eingang fanden, die in der KZ-Bewachung von älteren Mitgliedern der Allgemeinen SS abgelöst wurden. Auch dies zeigt die Haltlosigkeit der nach 1945 konstruierten Trennung zwischen der Waffen-SS und der restlichen Schutzstaffel. Die von Himmler befohlene Einheit aller bewaffneten SS-Formationen unter dem Sammelbegriff Waffen-SS bestand nicht nur auf dem Papier, sondern vor allem im institutionalisierten personellen Austausch zwischen den SS-Einheiten. Schätzungsweise 60000 Angehörige der Waffen-SS haben zumindest zeitweise auch im KZ-System Dienst getan. Und rund zwei Drittel aller höheren Führer der Waffen-SS des Jahres 1944 vom Rang eines Sturmbannführers aufwärts stammten ursprünglich aus der Allgemeinen SS. Zumindest in ihrem Führerkorps war die Waffen-SS Fleisch vom Fleische des «Schwarzen Ordens».

Über die Hälfte der Vorkriegsangehörigen der Schutzstaffel wurde allerdings nicht zur Waffen-SS eingezogen, sondern zur Wehrmacht, in der bis Kriegsende rund 120 000 SS-Männer dienten. Somit war schon mit dem Aufbau der ersten vier SS-Divisionen, die auf die Namen Leibstandarte, Totenkopf, Das Reich und Polizeidivision hörten, die Personalreserve der Allgemeinen SS mehr als nur «ausgeschöpft», wie Bernd Wegner, der Nestor der deutschen Waffen-SS-Forschung, festgestellt hat. Um die bis Kriegsende noch 34 weiteren SS-Divisionen ins Leben zu rufen, mussten Himmler und sein Chef des Ergänzungsamts, Gottlob Berger, also neue Wege der Personalrekrutierung gehen.

Mit stark intensivierter Werbung gelang es, allein im Jahr 1940 72 000 junge Deutsche als Freiwillige in die Waffen-SS als vermeintliche Elitetruppe des «Führers» zu locken. Angesichts der bereits erreichten hochgradigen Mobilisierung und der sukzessive wieder abebbenden deutschen Kriegsbegeisterung wurde das aber zusehends schwieriger. 1941 ging die Freiwilligenzahl auf 44 000 zurück, woraufhin Berger und seine Leute begannen, die Musterungskriterien aufzuweichen. Beispielsweise wurden nun Leute akzeptiert, die Sehfehler bis zu vier Dioptrien hatten. Ab 1943 wurde die Mindestgröße für die SS-Tauglichkeit auf 1,66 m herabgesetzt.

Zudem gingen die SS-Werber jetzt, wie Berger in einem Geheimschreiben an Himmler vom Oktober 1943 zugab, «etwas gewaltsam» vor. Ohne Rechtsgrundlage luden sie zu Musterungen ein. In Lagern der Hitler-Jugend und des Reichsarbeitsdienstes setzten sie junge Männer systematisch unter Druck. Mit der Ernennung Himmlers zum Chef des deutschen Ersatzheeres im Juli 1944 fiel die Freiwilligkeitsprätention schließlich ganz. In den letzten Kriegsmonaten wurden 150 000 junge Deutsche der Jahrgänge 1927/28 zwangsweise zur Waffen-SS eingezogen.

Seit 1939 kamen infolge der deutschen Annexionen Millionen sogenannter Volksdeutscher aus Polen, den Balkanstaaten oder dem Elsass in den Einflussbereich der Anwerbungskom-

Bosnische Muslime als Männer der Waffen-SS, 1943

mandos der SS. Auch sie wurden intensiv bearbeitet und zum Teil regelrecht zum Eintritt in die Waffen-SS genötigt. Aber selbst dieses «Menschenreservoir» reichte rasch nicht mehr aus, das angestrebte Wachstum der SS-Einheiten zu erzielen. Getreu der Himmlerschen Maxime «Es ist unmöglich, dass wir einmal dem Führer sagen: Mein Führer, wir haben nichts mehr» wurden ab 1940 sogar Ausländer in die Waffen-SS aufgenommen. Während sich Männer aus Skandinavien, den Beneluxstaaten und Frankreich als «germanische Freiwillige» noch halbwegs in die rassistische Ideenwelt der SS einfügten, konnte das für die Anwerbung von Esten, Letten, Litauern, Ukrainern, Weißrussen, Ungarn, Kroaten und muslimischen Bosniern nicht mehr behauptet werden. Von den circa 900 000 Männern, die schließlich im Lauf des Zweiten Weltkriegs in der Waffen-SS Dienst taten, stammte nahezu die Hälfte nicht aus dem Deutschen Reich. Die Waffen-SS war in krassem Widerspruch zur eigenen Ideologie zu einer Vielvölkerarmee geworden. Nur mühsam gelang es der SS-Propaganda, diesen «Makel» mit Abendland-

und Europadiskursen oder antibolschewistischer Rhetorik zu verbrämen.

Um abzuschätzen, welche militärische Bedeutung der Waffen-SS zukam, ist es zunächst einmal nötig, ihre Truppenstärke in Relation zu derjenigen der Wehrmacht zu setzen. In deren Reihen standen zu Kriegsbeginn wie erwähnt rund 4,5 Millionen, zu Beginn des Frankreichfeldzugs im Mai 1940 5,6 Millionen, beim «Unternehmen Barbarossa», dem Überfall auf die Sowjetunion, im Juni 1941 7,1 Millionen und 1943 sogar bis zu neun Millionen deutsche Männer. Da die Kampfstärke der aktiven Einheiten der Waffen-SS nie mehr als circa 370 000 Mann betrug, ist ihr, rein quantitativ betrachtet, mit etwas über vier Prozent der Wehrmachtsverbände eine nicht allzu große Bedeutung für den Kriegsverlauf zuzuschreiben. Diese relativiert sich noch stärker, wenn man bedenkt, dass über die Hälfte der Waffen-SS-Angehörigen als Deutsche durch ihren Dienst in Himmlers Armee dem Zugriff der Wehrmacht entzogen wurden.

Viel schwerer zu beantworten ist die Frage nach dem qualitativen Wert der Waffen-SS-Verbände, also ihrer Kampfkraft. Entsprechend strittig sind nach wie vor alle Antwortversuche. Nach einem Besuch bei der Totenkopfdivision im April 1940 urteilte Wehrmachtsgeneral Fedor von Bock ebenso kritisch wie zynisch: «Die Gefechtsausbildung [...] ist ungenügend. Das wird viel Blut kosten! Schade um das schöne Menschenmaterial!» Als kurz darauf beim Frankreichfeldzug aufgrund des Haudrauf-Stils vieler militärisch nur dürftig ausgebildeter SS-Führer tatsächlich unnötig viele Waffen-SS-Männer fielen, kommentierte Eicke das in typischem SS-Bravado: «Verluste spielen keine Rolle!» Daraufhin soll Wehrmachtsgeneral Erich Hoepner Eicke verächtlich als «Schlächter» bezeichnet haben. Andererseits fand genau diese für viele Waffen-SS-Einheiten typische Kampfweise, die den Frontalangriff jedem Umgehungsmanöver vorzog, auch zahlreiche Bewunderer. So hat Goebbels die «Husarenstücke» der SS beim Balkanfeldzug im April und Mai 1941 gelobt, Wehrmachtsgeneral Eberhard von Mackensen das «Draufgängertum» der Leibstandarte beim Angriff auf die UdSSR im Sommer und Herbst 1941.

In der Einsatzgeschichte der Waffen-SS finden sich Beispiele für militärische Debakel, wie das Totalversagen der SS-Kampfgruppe Nord in Finnland 1941, aber auch große Erfolge. So bewährte sich Eickes Totenkopfdivision beim Halten des Kessels von Demjansk von Februar bis April 1942, eine Leistung, für die Hitler mit dem Demjanskschild eine eigene Auszeichnung auslobte. Bei der Rückeroberung der viertgrößten sowjetischen Stadt Charkow nach der verheerenden Niederlage bei Stalingrad marschierte im März 1943 die Leibstandarte gemeinsam mit der SS-Division Das Reich voran. Im Februar 1944 half die SS-Division Wiking mit, rund 36000 deutsche Soldaten aus dem Kessel von Tscherkassy zu befreien. Den Sieg von SS-Einheiten unter dem Befehl von Obergruppenführer Wilhelm Bittrich über britische Fallschirmjäger im September 1944 hat Hollywood in dem Kriegsfilm *Die Brücke von Arnheim* verewigt.

Diese Siege wurden zunächst von der NS-Propaganda und nach 1945 von der verklärenden Erinnerung vieler Waffen-SS-Veteranen allerdings ebenso aufgebauscht wie die Heldengeschichten um einzelne SS-Männer. Beispielsweise wurde dem 1914 geborenen Oberpfälzer Bauernsohn Michael Wittmann, der seit 1937 bei der Leibstandarte diente, ab 1941 Kampfpanzer führte und im August 1944 fiel, persönlich der Abschuss von 138 gegnerischen Panzern zugeschrieben, obwohl es so gut wie unmöglich ist, in einem größeren Panzergefecht festzustellen, wer genau wen getroffen hat. Und auch der Anteil des Waffen-SS-Spezialkommandoführers Otto Skorzeny an der Befreiung Benito Mussolinis aus italienischer Haft am 12. September 1943, für den Skorzeny von Hitler persönlich mit dem Ritterkreuz ausgezeichnet wurde, ist alles andere als unumstritten.

Bei genauerem Hinsehen ergeben sich drei Faktoren, die den Ruf der Waffen-SS als militärische Elite des Dritten Reichs deutlich in Frage stellen. Erstens muss stark zwischen einigen wenigen Vorzeigeformationen wie der Leibstandarte oder der Totenkopfdivision und der Vielzahl weniger privilegierter Waffen-SS-Einheiten unterschieden werden. Erstere bekamen – wie vergleichbare Eliteverbände der Wehrmacht auch – die besten Rekruten, wurden nach Verlusten rasch aufgefrischt und bevorzugt motorisiert und bewaffnet. Letztere, etwa die vor allem im jugoslawischen Partisanenkrieg eingesetzte SS-Gebirgsdivision Prinz Eugen, waren bedeutend heterogener hinsichtlich ihres Personals und vielfach schlecht, teils nur mit Beutewaffen ausgestattet.

Zweitens fallen alle Erfolge der Waffen-SS in die Zeit nach der Kriegswende von 1941, als nach dem Scheitern des Blitzkriegs gegen die Sowjetunion und nach dem Kriegseintritt der USA ein deutscher «Endsieg» objektiv bereits ausgeschlossen war. Somit hatten alle «Heldentaten» der Waffen-SS nur eine Folge: Sie verlängerten einen militärisch aussichtslosen Krieg.

Drittens erlitt die Waffen-SS nicht, wie vielfach behauptet wird, aufgrund ihres härteren Kampfeinsatzes durchwegs höhere Verluste als die Wehrmacht. Vielmehr sind sich die durchschnittlichen Verlustquoten recht ähnlich. Lediglich in der Kriegsendphase 1944/45 hat die Waffen-SS als Kollektiv verzweifelter und verlustreicher gekämpft als die Wehrmacht, etwa während der deutschen Ardennenoffensive vom Dezember 1944 oder der Verteidigung von Budapest gegen die Rote Armee bis Februar 1945 unter dem Befehl von SS-Obergruppenführer Karl Pfeffer von Wildenbruch. Es ist sicher kein Zufall, dass Hitler die Verteidigung des Berliner Regierungsviertels im April 1945 mit Wilhelm Mohnke ausgerechnet einem SS-Führer anvertraute.

Der unbedingte Durchhaltewille der Waffen-SS, der zum Beispiel in Eickes Demjansk-Befehl «Halten oder Sterben!» zum Ausdruck kam, lag an ihrer im Vergleich zur Wehrmacht höheren Ideologisierung. Diese wurde dadurch sichergestellt, dass bei der Aufstellung neuer Formationen in der Regel gezielt altbewährte SS-Männer als Stammmannschaften eingesetzt wurden, die ihre neu rekrutierten Kameraden im Geist der Schutzstaffel sozialisierten. Zudem wurden alle Waffen-SS-Einheiten systematisch durch das zentrale SS-Schulungsamt indoktriniert.

Der besondere Kampfgeist der Waffen-SS im Angesicht der deutschen Niederlage dürfte auch am eigentlichen Spezifikum von «Himmlers Kriegern» gelegen haben: der Tatsache, dass ihre Einsatzgeschichte «eine ununterbrochene Kette von Gewaltverbrechen» (Jens Westemeier) darstellt. Die Männer der Waffen-SS wussten genau, dass gerade ihnen im Fall einer Niederlage die Rache der alliierten Sieger drohte.

Da der deutsche Krieg in Osteuropa nicht nur von der Waffen-SS, sondern auch von der Wehrmacht als beispiellos brutaler Vernichtungskrieg geführt wurde, soll der besonders verbrecherische Charakter der Waffen-SS im Folgenden anhand von drei Fallbeispielen aus West- bzw. Südeuropa illustriert werden. Am 27. Mai 1940 stießen Männer der Totenkopf-Division unter dem Kommando von SS-Obersturmführer Fritz Knöchlein in schwerem Gefecht in Richtung Dünkirchen vor. Im französischen Ort Le Paradis mähten sie mit zwei Maschinengewehren 99 britische Soldaten nieder, die sich ihnen ergeben hatten. Wer sich nach dem Kugelhagel noch bewegte, wurde mit Bajonetten und Schüssen aus nächster Nähe ermordet.

Am 19. September 1943 nahmen Soldaten der sich in Auflösung befindlichen italienischen Armee im piemontesischen Ort Boves zwei Panzergrenadiere der Leibstandarte Adolf Hitler fest, die Ersatzteile für ihre Fahrzeuge «organisieren», das heißt stehlen wollten. Als Rache für diesen Affront rückten rund 80 SS-Männer unter dem Kommando von Sturmbannführer Jochen Peiper in Boves ein, ermordeten 24 Einwohner und brannten den Ort nieder. Dieses Vorgehen deckte sich ziemlich exakt mit dem modus operandi, der Peipers Einheit kurz zuvor in Russland den Kampfnamen «Lötlampen-Bataillon» eingetragen hatte.

Als die SS-Panzerdivision Das Reich Anfang Juni 1944 zur Abwehr der alliierten Invasion in Richtung Normandie vorstieß, kam es mehrfach zu Attacken französischer Résistancekämpfer auf die SS-Einheiten. Am 10. Juni statuierte daraufhin SS-Sturmbannführer Adolf Dieckmann ein brutales Exempel an den Einwohnern von Oradour-sur-Glane. Mit circa 120 Waffen-SS-Angehörigen marschierte er in das Dorf ein und trennte dort gewaltsam die Männer von den Frauen und Kindern. Während Erstere erschossen wurden, pferchten die SS-Männer Letztere in die Kirche. Anschließend setzten sie diese mit Sprengstoff und Handgranaten in Brand. Wer aus dem Inferno zu entkommen suchte, wurde erschossen. Insgesamt ermordeten die Waffen-SS-Angehörigen in Oradour 642 Menschen, darunter 245 Frauen und 207 Kinder. Anschließend brannten sie das Dorf bis auf die Grundmauern nieder.

Es zeichnen sich einige Muster ab: Auf harten Widerstand und hohe Verluste reagierten viele Waffen-SS-Männer mit noch härterer Gegengewalt. So wurden Kriegsgefangene häufig kaltblütig und routiniert ermordet. Wenn sie ihrer Gegner nicht habhaft werden konnten, reagierten SS-Angehörige ihren Blutdurst oft an Zivilisten ab. Die Tatsache, dass Waffen-SS-Einheiten im Zweiten Weltkrieg an all ihren Einsatzorten und weit häufiger als die Wehrmacht Kriegsverbrechen begingen, besagt allerdings nicht, dass jeder einzelne ihrer rund 900 000 Männer tatsächlich zum Kriegsverbrecher geworden ist.

2. Die Vollstrecker des nationalsozialistischen Rassenwahns

Mit dem Zweiten Weltkrieg entfesselte Hitler am 1. September 1939 keinen gewöhnlichen Krieg, sondern einen «Rassenkrieg», in dem es, wie erwähnt, nicht nur um die Eroberung von «Lebensraum», sondern um dessen rücksichtslose «Germanisierung» ging. Aus Sicht der Nationalsozialisten stand nun neben dem gnadenlosen Ringen mit der kommunistischen und der westlich-liberalen Weltanschauung ein Kampf gegen jüdische «Todfeinde» und slawische «Untermenschen» an, in dem es um nicht weniger als das Überleben der «arischen Rasse» oder – um noch einmal Himmlers Worte vom November 1938 aufzugreifen – um das «Großgermanische Reich oder das Nichts» ging. Die Schaltstellen für die Durchführung dieses «Rassenkriegs» waren durchweg mit Männern aus dem «Schwarzen Orden» besetzt.

Als Wehrmacht und Waffen-SS im September 1939 Polen überrannten, marschierten in ihrem Rücken sieben sogenannte Einsatzgruppen der Sicherheitspolizei und des Sicherheitsdiensts ein, denen insgesamt rund 2700 Mann unter dem Befehl der SS-Führer Bruno Streckenbach, Emanuel Schäfer, Hans Fischer, Lothar Beutel, Ernst Damzog, Udo von Woyrsch und

Erich Naumann angehörten. Ihr offizieller, mit der Wehrmachtsführung abgestimmter Auftrag war «die Bekämpfung aller reichs- und deutschfeindlichen Elemente im Feindesland rückwärts der fechtenden Truppe». Derartige Einsatzgruppen zur Sicherung neu besetzter Gebiete hatte es schon beim Einmarsch in Österreich, dem Sudetenland, Böhmen und Mähren gegeben.

Hinter der polnischen Front aber gingen die SS-Männer, im Vorfeld von Himmler, Heydrich und Best auf unbedingte Härte eingeschworen, mit bislang nicht gekannter Rücksichtslosigkeit vor. Angestachelt wurden sie dabei von der Tatsache, dass nach dem deutschen Überfall Angehörige der «volksdeutschen» Minderheit in Polen Opfer spontaner Pogrome wie zum Beispiel dem «Bromberger Blutsonntag» vom 3. September 1939 geworden waren. Allerdings waren an diesem Tag nicht, wie von der NS-Propaganda in maßloser Übertreibung behauptet, 58 000, sondern «nur» rund 1000 Menschen umgekommen.

Dass es der SS-Führung bei den nun einsetzenden Massenmorden um mehr als blinde Rache oder die Repression möglichen Widerstands ging, zeigt die Auswahl der Opfer. Bis Ende 1939 ermordeten die Männer der SS-Einsatzgruppen, unterstützt vom «Volksdeutschen Selbstschutz», den SS-Führer Ludolf von Alvensleben im Auftrag Himmlers organisierte, gezielt über 60 000 Mitglieder der polnischen «Intelligenz», also der akademischen, wirtschaftlichen und politischen Führungsschicht. Die überwiegende Mehrheit der Getöteten stammte aus Westpolen, also genau aus den Gebieten, die als neue «Reichsgaue» Warthegau und Danzig-Westpreußen bzw. als Erweiterung der bestehenden Gaue Schlesien und Ostpreußen «eingedeutscht» werden sollten. Die Mordaktion bezweckte also, das polnische Volk gewissermaßen zu enthaupten und so für die Versklavung und Unterdrückung durch die deutschen «Herrenmenschen» bereit zu machen.

Die Massaker führten zu Protesten aus der Wehrmacht, wo man fürchtete, dass die Polen auf diese Weise erst recht in den Widerstand getrieben würden. So beklagte General Johannes Blaskowitz, dass die SS in Polen «ihre tierischen und pathologischen Instinkte» austoben durfte. Er merkte kritisch an, dass sich «die Ansicht, man könne das polnische Volk mit Terror [...] am Boden halten», «bestimmt als falsch erweisen» werde. Der Wehrmachtsgeneral wollte dem Morden der Schutzstaffel Einhalt gebieten, indem er Einsatzgruppenchef Udo von Woyrsch vor ein Kriegsgericht zu stellen versuchte. Doch Hitlers Antwort fiel eindeutig aus: Am 4. Oktober 1939 erließ er eine Generalamnestie für alle während des Polenfeldzugs begangenen Taten. Am 17. Oktober 1939 gewährte er dem «Schwarzen Orden» eine eigenständige SS- und Polizeigerichtsbarkeit. Bis 1945 blieben Himmlers Henker dem Zugriff regulärer (Militär-)Gerichte entzogen. Der «Führer» wusste sehr genau, was die Schutzstaffel im Rücken der Front trieb. Und er hieß es gut.

Das zeigt auch die Tatsache, dass er Himmler am 7. Oktober 1939 zum «Reichskommissar für die Festigung deutschen Volkstums» (RKFDV) ernannte, also zu einer Art Generalbevollmächtigtem für die «Germanisierung» des eroberten «Lebensraums». Diesem Ziel dienten insbesondere zwei Maßnahmen: erstens die Vertreibung von «nicht einzudeutschenden», «fremdvölkischen» und daher «rassisch unerwünschten» Menschen aus den betreffenden Gebieten, zweitens die Ansiedlung «Volksdeutscher». Mit der Durchführung dieser Aufgaben betraute Himmler zwei Dienststellen: die seit 1935 bestehende «Volksdeutsche Mittelstelle», ursprünglich eine NSDAP-Organisation zur Kontaktpflege mit den Auslandsdeutschen, an deren Spitze seit 1937 SS-Obergruppenführer Werner Lorenz stand, und die neu geschaffene RKFDV-Dienststelle unter Ulrich Greifelt, der in diesem Dienst ebenfalls bis zum SS-Obergruppenführer aufstieg. Die nötige «rassische Auslese» trafen die Experten des SS-Rasse- und Siedlungshauptamts, die seit 1934 Erfahrung in den SS-Musterungen hatten sammeln können. Ihr Korps schwoll nun auf rund 500 Personen an.

Konkret wurde mit dieser «völkischen Flurbereinigung» 1939/40 in den annektierten westpolnischen Gebieten begonnen. In Posen, Litzmannstadt, Gotenhafen und Kattowitz entstanden sogenannte Umwanderer- und Einwandererzentralstellen. Erstere organisierten die brutale Vertreibung von rund einer Million Polen, die in das von Hans Frank geführte Generalgouvernement auf dem Gebiet Mittelpolens deportiert oder als Zwangsarbeiter ins Reich verschleppt wurden. Zweitere empfingen die «Volksdeutschen», die gemäß dem deutschen Grenz- und Freundschaftsvertrag mit der UdSSR, der in Ergänzung zum Hitler-Stalin-Pakt vom 24. August am 28. September 1939 abgeschlossen worden war, unter anderem aus dem sowjetisch besetzten Ostpolen, dem Baltikum, Bessarabien, Wolhynien und der Bukowina «heimgeholt» wurden.

Parallel zu dieser ebenso rasch wie improvisiert anlaufenden Praxis der «ethnischen Säuberung» gab Himmler im Herbst 1939 einen Gesamtplan zur Umgestaltung der besetzten Ostgebiete in Auftrag. In die Ausarbeitung schaltete sich neben Greifelts RKFDV-Dienststelle auch Heydrichs Reichssicherheitshauptamt ein. Zum «führenden, von Heinrich Himmler persönlich bestellten Landes- und Raumplaner des SS-Imperiums» (Isabel Heinemann) wurde Konrad Meyer. Dieser 1901 geborene Niedersachse, der seit 1932 der NSDAP und seit 1933 der SS angehörte, hatte im Dritten Reich eine akademische Blitzkarriere hingelegt. Seit 1934 hatte er einen Berliner Lehrstuhl für Agrarwesen und Agrarpolitik inne. Nebenher arbeitete er unter anderem im Reichserziehungsministerium, im Reichsbauernrat, im Reichsforschungsrat und in der Deutschen Forschungsgemeinschaft mit. Seit 1937 leitete er die Reichsarbeitsgemeinschaft für Raumforschung. Zur Zentrale Meyers wurde eine Villa in der Berliner Podbielskiallee.

Von hier aus verplante Meyer im sogenannten Generalplan Ost hunderttausende Quadratkilometer und das Schicksal von Millionen Menschen. Im Zuge der deutschen Kriegserfolge, insbesondere der riesigen Landgewinne nach dem deutschen Überfall auf die Sowjetunion am 22. Juni 1941, sowie Himmlers Drängen auf immer radikalere Lösungen mussten seine Pläne mehrfach umgeschrieben werden. Die Ideen, die Meyer und seine Konkurrenten aus dem Reichssicherheitshauptamt zu Papier brachten, verschlagen einem in ihrem Größenwahn noch heute den Atem. In zwei bis drei Jahrzehnten sollten über die besetzten westpolnischen Gebiete hinaus das gesamte Generalgouvernement und das Baltikum vollständig «eingedeutscht» werden. In Weißrussland, der Ukraine und Russland sollten riesige deutsche «Siedlungsmarken» unter Phantasienamen wie «Gotengau» und «Ingermanland» sowie unzählige Siedlungsstützpunkte entstehen. Zu den rund sechs Millionen Bewohnern dieser Gebiete, die als «eindeutschungsfähig» eingestuft wurden und bleiben sollten, würden nach Meyers Planungen etwa viereinhalb Millionen «volksdeutsche» Siedler kommen. Um für sie Platz zu schaffen, sollten über 31 Millionen Slawen brutal aus ihrer Heimat vertrieben werden. Insgesamt sollte ein Raum von rund 700 000 Quadratkilometern «germanisiert» werden. Zum Vergleich: Selbst in seinen Grenzen von 1938 umfasste das Deutsche Reich nur 583 000 Quadratkilometer.

Obwohl der aus deutscher Sicht ab 1942 unbefriedigende Kriegsverlauf eine ähnlich umfassende Praxis wie in den annektierten westpolnischen Gebieten verhinderte, kam es zu einigen Umsetzungsversuchen. So wurden rund 17 000 Litauendeutsche, die erst 1939/40 ihre Heimat hatten verlassen müssen, wieder dorthin zurückgeschickt. Aus dem Kreis Zamość bei Lublin vertrieben die SS-Aktivisten 100 000 Polen, um Platz für Siedler zu schaffen. Ähnlich erging es rund 18 000 Ukrainern in der Umgebung von Shitomir. Hier und auf der Krim wurden erste Rumäniendeutsche angesiedelt. Das alles zeigt: Der Generalplan Ost war mehr als ein bloßes Hirngespinst Konrad Meyers. Er spiegelt in Grundzügen wider, was die Menschen Mittel- und Osteuropas im Fall eines deutschen «Endsiegs» erwartet hätte.

Noch weit mehr Energie als in die «Germanisierung» der eroberten Ostgebiete steckten die Männer der Schutzstaffel in den Versuch, ihr Herrschaftsgebiet «judenfrei» zu machen. Bis einschließlich 1940 bedeutete das – ähnlich wie bei den «rassisch unerwünschten» Slawen – die massenhafte Vertreibung der Juden. Schon bis Ende 1937 hatten rund 127 000 Juden unter dem Eindruck der sich verschärfenden nationalsozialistischen Drangsalierung zum Beispiel durch Berufs- und Eheverbote, die Verdrängung aus dem gesellschaftlichen Leben und die vielfach gewaltsamen Übergriffe der SA und SS das Deutsche Reich verlassen. Über die österreichischen Juden war 1938 in den Wochen nach dem «Anschluss» eine beispiellose Welle von Gewalt und Demütigungen niedergegangen. Die Bilder jüdischer Männer, die, von den braunen Horden gezwungen, mit ihren Zahnbürsten die Straßen Wiens schrubbten, sind unvergessen.

In der Habsburgermetropole machte erstmals eine berüchtigte Figur des «Schwarzen Ordens» von sich reden: Adolf Eichmann. Geboren 1906 in Solingen war Eichmann 1914 mit seiner Familie ins österreichische Linz gezogen. In der Donaurepublik der 1920er Jahre war er nach Schulabbruch und mehreren Berufswechseln eine «gescheiterte Existenz» (Hans Safrian), als er 1932 in die österreichische NSDAP und SS eintrat. Nach der Flucht ins Dritte Reich heuerte der glühende Antisemit Eichmann 1934 als «Judenexperte» mit einigen dürftigen Hebräischkenntnissen bei Heydrichs SD an. Kurz nach dem «Anschluss» gründete er in Wien eine «Zentralstelle für jüdische Auswanderung». Mit seinem Modell, die Emigration systematisch durch Gelder zu finanzieren, die er den Juden abpresste, war Eichmann so erfolgreich, dass Heydrich ihm 1939 die neu gegründete «Reichszentrale für jüdische Auswanderung» in Berlin und kurz darauf auch das «Judenreferat» IV D 4 bzw. ab 1941 IV B 4 des Reichssicherheitshauptamts unterstellte.

Da allerdings mit dem Polenfeldzug nicht weniger als 1,7 Millionen zusätzliche Juden unter deutsche Herrschaft geraten waren, gewann das «Judenproblem» nun aus Sicht der Nationalsozialisten eine ganz neue Dringlichkeit. Die Gauleiter der annektierten westpolnischen Gebiete, Josef Wagner, Arthur Greiser, Albert Forster und Erich Koch, forderten, ihre Gebiete rasch zu «entjuden». Ab Oktober 1939 rollten die ersten Deportationen Richtung Generalgouvernement, ohne dass vorher geklärt worden wäre, wo genau das angedachte «Judenreservat» denn eigentlich errichtet werden sollte. In den Zielorten, zum Beispiel Nisko bei Lublin, herrschten rasch derart chaotische Verhältnisse, dass Generalgouverneur Hans Frank im Frühjahr 1940 einen vorübergehenden Deportationsstopp durchsetzen konnte.

Um die Juden vom Rest der Bevölkerung zu trennen, errichteten die deutschen Besatzer in den annektierten Gebieten und dem Generalgouvernement ab 1940 eine Vielzahl von Gettos. In Litzmannstadt wurden so über 150000, in Warschau sogar bis zu 500000 Juden zusammengepfercht und durch Zwangsarbeit ausgebeutet. Die hygienischen Verhältnisse in den überfüllten Gettos spotteten jeder Beschreibung. Rasch breiteten sich Seuchen aus.

Nach dem deutschen Sieg über Frankreich im Mai und Juni 1940 liebäugelten Hitler, Himmler und Heydrich eine Zeit lang mit dem Gedanken, die europäischen Juden in die französische Kolonie Madagaskar abzuschieben und dort unter SS-Überwachung vor sich hin vegetieren zu lassen. Im Reichssicherheitshauptamt und im Auswärtigen Amt, in dem der Einfluss von SS-Angehörigen unter dem seit Februar 1938 amtierenden Reichsaußenminister Joachim von Ribbentrop massiv gewachsen war, wurden entsprechende Pläne ausgearbeitet. Da jedoch rasch klar wurde, dass es nicht so bald gelingen würde, die Briten in die Knie zu zwingen und ihre Dominanz zur See zu brechen, blieb der «Madagaskarplan», eine alte Lieblingsidee deutscher Antisemiten, ein Hirngespinst. In den Reihen der Nationalsozialisten wuchs die Frustration über die Tatsache, dass das vermeintliche «Judenproblem» ein Jahr nach Kriegsbeginn ungleich größer war als davor. In dieser Lage erteilte Hitler Heydrich im November oder Dezember 1940 via Göring mündlich den Auftrag, eine umfassende «Endlösung der Judenfrage» vorzubereiten. Im Juli 1941 bestätigte Göring diese Order auch schriftlich.

Zu diesem Zeitpunkt lief bereits seit einigen Wochen der deutsche Angriff auf die Sowjetunion, wodurch weitere 2,5 Millionen Juden in den deutschen Machtbereich gelangten. Heydrich und seine Männer gingen dieses «Problem» nun in einer Radikalität an, die bis dahin zwar theoretisch und in allgemeiner Form sagbar, praktisch und im Detail aber kaum denkbar erschien. Der «Schwarze Orden» ließ Hitlers am 30. Januar 1939 im Reichstag ausgesprochener Drohung, im Fall eines neuen Weltkriegs werde es zur «Vernichtung der jüdischen Rasse in Europa» kommen, Taten folgen.

Wie im Polenfeldzug zogen unmittelbar hinter der Front Einheiten in die eroberten Gebiete in Ostpolen, im Baltikum, in Weißrussland und in der Ukraine ein, die zu Himmlers SS-Imperium gehörten:

vier Einsatzgruppen des SD und der Sicherheitspolizei unter dem Befehl der SS-Führer Franz Werner Stahlecker (Einsatzgruppe A im Baltikum), Arthur Nebe (Einsatzgruppe B in Weißrussland), Otto Rasch (Einsatzgruppe C in der Ukraine) und Otto Ohlendorf (Einsatzgruppe D im Schwarzmeerraum) mit insgesamt etwa 3200 Mann,

zwei SS-Infanterie-Brigaden und eine SS-Kavallerie-Brigade, die zu einem speziellen «Kommandostab Reichsführer-SS» unter der Führung von Kurt Knoblauch gehörten, mit zusammen rund 18 000 Mann und

gut zwei Dutzend Bataillone der Ordnungspolizei, die den drei Höheren SS- und Polizeiführern für die besetzten Ostgebiete, Hans-Adolf Prützmann, Erich von dem Bach-Zelewski und Friedrich Jeckeln unterstanden, mit gemeinsam ungefähr 12 000 Mann.

Was genau die SS-Führung diesen Männern in den verschiedenen Vorbereitungslehrgängen des Frühjahrs 1941 befohlen hat, lässt sich nicht mehr rekonstruieren. Fest steht, dass sie sofort begannen, massenhaft jüdische Männer, kurz darauf auch jüdische Frauen und Kinder zu erschießen. Während Ersteres sich noch als Ausschaltung von Plünderern, Partisanen usw. verbrämen ließ, folgte Letzteres ganz offensichtlich der perversen SS-Logik, jetzt müsse «eben reiner Tisch gemacht werden» (Himmler in einer Rede vom 9. Juni 1942), um künftigen Generationen weitere Auseinandersetzungen mit den jüdischen «Todfeinden» zu ersparen. In einer bizarren Konstruktion von Putativnotwehr wurden brutale Morde als Verhinderung künftiger Racheakte gerechtfertigt, wobei allerdings den potenziellen Rächern ja erst durch die eigenen Verbrechen überhaupt ein Anlass zur Rache gegeben wurde.

Ob derartige der SS anerzogene, ideologische Gedankengänge, eine Art tief in der deutschen Gesellschaft verwurzelter «eliminatorischer Antisemitismus» (Daniel Jonah Goldhagen) oder aber Gruppendruck, Gewöhnungs- und Brutalisierungseffekte sowie Autoritätshörigkeit für die Mörder ausschlaggebend waren, ist und bleibt umstritten. Sicher belegt ist zweierlei: Erstens mordeten die vielen altgedienten SS-Männer mit KZ-Erfahrung in den SS-Bataillonen ebenso problemlos mit wie die radikalen und gebildeten «Weltanschauungstäter» aus dem Reichssicherheitshauptamt an der Spitze der Einsatzgruppen und die vielen im Vergleich «ganz normalen Männer» (Christopher Browning) in den Polizeibataillonen. Zweitens standen die willigen Vollstrecker nicht unter einem unmittelbaren «Befehlsnotstand». Denn es gab einzelne Männer, die sich weigerten, mit zu schießen. Sie wurden zwar bisweilen von ihren Kameraden geschnitten, von ihren Vorgesetzten hart angegangen oder versetzt, aber weder standrechtlich erschossen, noch selbst in ein Konzentrationslager gebracht.

Das Vorgehen der SS-Mörder war so einfach wie brutal. Wo irgend möglich stachelten sie die einheimische Bevölkerung zu Pogromen an. Mehr als 60 solcher Fälle mit rund 12 000 Opfern lassen sich nachweisen. Ansonsten töteten sie selbst. Am 27. Juni 1941 beispielsweise trieben die Männer des Polizeibataillons 309 in der ostpolnischen Stadt Bialystok circa 2000 Juden zusammen, wobei sie sie verprügelten, ihnen die Bärte anzündeten und auf sie urinierten. In einem Park begannen Massenerschießungen. Rund 700 Juden sperrten die deutschen Ordnungspolizisten in der Großen Synagoge ein, die sie anschließend mit Hilfe von Benzin und Handgranaten niederbrannten.

Die Angehörigen der SS-Kavallerie-Brigade durchkämmten zwischen dem 27. Juli und dem 29. September 1941 die weißrussischen Pripjat-Sümpfe. Ihr Befehl lautete: «Sämtliche Juden müssen erschossen werden. Judenweiber in die Sümpfe treiben.» Das Ergebnis: circa 35 000 ermordete Juden.

Am 29. September 1941 trieben die Männer des Sonderkommandos 4a der Einsatzgruppe C unter dem Befehl von Paul Blobel zusammen mit Angehörigen der Polizeibataillone 45 und 314 über 33 000 Kiewer Juden zur nahegelegenen Schlucht von Babij Jar und erschossen sie in einer 36-stündigen Daueraktion. Anschließend sprengten Wehrmachtspioniere die Ränder der

Schlucht, um die Leichen zu begraben. Allerdings konnten sich einige Überlebende wie Ludmilla Polischtschuk aus den Leichenbergen befreien und der Welt Zeugnis von diesen unfassbaren Taten geben. Bis Ende 1941 hatten die SS-Täter hinter der Ostfront in Kooperation mit einigen Einheiten der Wehrmacht und der Waffen-SS sowie einheimischen «Hilfswilligen» zwischen 500 000 und 800 000 Juden ermordet.

Allerdings hinterließ dieses blutige Handwerk auch bei Himmlers Schlächtern Spuren. Die Klagen über Alkoholmissbrauch und sadistische Exzesse häuften sich ebenso wie die Zahl der Nervenzusammenbrüche, Magengeschwüre und anderer psychosomatischer Beschwerden. Im August 1941 beklagte sich der Höhere SS- und Polizeiführer für den Bereich Russland-Mitte, Erich von dem Bach-Zelewski, anlässlich einer gemeinsam inspizierten Exekution in Minsk bei Himmler: «Sehen Sie in die Augen der Männer des Kommandos, wie tief erschüttert sie sind! Solche Männer sind fertig für ihr ganzes Leben. Was züchten wir uns damit für Gefolgsmänner heran? Entweder Nervenkranke oder Rohlinge!» Von dem Bach selbst erlitt im März 1942 einen körperlichen und seelischen Zusammenbruch und musste sich in die Behandlung von Ernst-Robert Grawitz, dem Reichsarzt-SS, begeben. Dieser attestierte von dem Bach einerseits eine «starke körperliche, nervöse und seelische Erschöpfung», andererseits «gewisse Minderwertigkeitsvorstellungen», weil er mit seiner Schwäche nicht dem SS-Ideal unbedingter Härte entsprach. Obwohl er weiterhin an chronischen Magen-Darm-Beschwerden litt, kehrte von dem Bach schon bald nach Russland zurück, um sich aufs Neue im mörderischen Dienst des Reichsführers-SS zu «bewähren».

Himmler und Heydrich aber machten sich 1941 auf die Suche nach Tötungsmethoden, die für die Mörder weniger belastend waren. Dabei konnten sie auf Erfahrungen aus einem anderen NS-Massenmordprojekt zurückgreifen, das seit Herbst 1939 – gewissermaßen im Windschatten des Weltkriegs – im Reich selbst durchgeführt wurde. Im Oktober hatte Hitler seinen Leibarzt Karl Brandt, SS-Mitglied seit Juli 1934, und den Leiter seiner Privatkanzlei Philipp Bouhler, SS-Mitglied seit April 1933, beauftragt, «die Befugnisse namentlich zu bestimmender Ärzte so zu erweitern, dass nach menschlichem Ermessen unheilbar Kranken [...] der Gnadentod gewährt werden kann». Bouhler, Brandt und der in ihrem Auftrag als eine Art Projektmanager fungierende Viktor Brack, SS-Mitglied seit 1929, errichteten in der Berliner Tiergartenstraße 4 eine Kommandozentrale, die dem systematischen Krankenmord seinen Namen gab: «Aktion T4». Im ganzen Reich durchkämmten T4-Mitarbeiter Heime und Kliniken für behinderte Menschen und wählten diejenigen aus, die aus ihrer Sicht dem «Volkskörper» als «Ballastexistenzen» und «nutzlose Esser» zur Last fielen. Bis August 1941 wurden rund 70000 erwachsene Opfer in sechs Anstalten in Brandenburg an der Havel, Grafeneck, Schloss Sonnenstein bei Pirna, Bernburg an der Saale, Hadamar und Hartheim transportiert und dort in Gaskammern mit Kohlenmonoxid getötet. Ungefähr 5000 behinderte Kinder wurden in 30 im Reich verteilte «Kinderfachabteilungen» gebracht und dort vergiftet. Dann ließ Hitler die Aktion nach Protesten aus Kirchenkreisen abbrechen. Nach einer Pause wurden die Krankenmorde aber insgeheim fortgesetzt. Bis Kriegsende fielen insgesamt circa 190000 Patienten, ungefähr die Hälfte aller deutschen Heimbewohner und Anstaltsinsassen, der nationalsozialistischen «Ausmerze» zum Opfer.

SS-Sturmbannführer Walther Rauff, eine Art Technikchef des Reichssicherheitshauptamts, adaptierte die T4-Methoden für die Bedürfnisse der mobilen SS-Mordkommandos in Russland. In den knapp 30 fahrbaren Gaswägen, die Rauff von der Berliner Firma Gaubschat bauen ließ, wurden ab Ende 1941 circa 500000 Juden mit Auspuffgasen ermordet. Allerdings setzten trotz dieser zentral gesteuerten Innovation des Tötens die SS- und Polizeieinheiten die Massenerschießungen fort, denen 1942/43 allein in der Ukraine und Weißrussland erneut hunderttausende Juden zum Opfer fielen.

Ab Ende 1941 entstanden im Warthegau und im Generalgouvernement auf regionale Initiative hin zudem Mordanstalten eines neuen Typs: die von der SS betriebenen stationären Vernichtungslager. Im Dorf Kulmhof im Warthegau baute dafür ein

SS-Sonderkommando unter Herbert Lange, das zuvor polnische Psychiatriepatienten ermordet hatte, im Dezember 1941 in Absprache mit Gauleiter Arthur Greiser ein Gutshaus um. Die Juden des Warthegaus wurden per Zug zum Dorf und vom Bahnhof per LKW zum «Schloss» gebracht. Dort brachten die SS-Männer des Sonderkommandos sie unter dem Vorwand, sie würden entlaust, dazu sich auszuziehen. Anschließend wurden die Juden über eine Rampe in einen Gaswagen getrieben. Nach der Vergasung wurden die Leichen zu einem Massengrab gefahren und verscharrt. Bis 1945 fanden in Kulmhof so circa 150 000 Opfer ihr schreckliches Ende.

Die Initiative für drei weitere Vernichtungslager, Belzec und Sobibor in der Nähe von Lublin und Treblinka nordöstlich von Warschau, ging von Odilo Globocnik aus, dem rein zahlenmäßig wohl größten Massenmörder des «Schwarzen Ordens». «Globus», wie er in SS-Kreisen genannt wurde, kam 1904 im damals noch zur Habsburgermonarchie gehörigen Triest als Sohn eines Postbeamten zur Welt. 1918 zog er mit seiner Familie nach Klagenfurt, wo er 1923 die Matura, das österreichische Pendant zum Abitur, bestand. In den Folgejahren aber geriet Globocnik im «Abwehrkampf» der Deutschkärntner gegen die Slowenen auf die schiefe Bahn. 1931 schloss sich der junge Rechtsradikale der NSDAP, im Jahr darauf auch der SS an. Während der österreichischen «Kampfzeit» stieg er rasch bis zum stellvertretenden NSDAP-Gauleiter von Kärnten auf, saß wegen politischer Gewalttaten aber auch mehrmals im Gefängnis. Nach dem «Anschluss» machte Hitler den «alten Kämpfer» zum Gauleiter von Wien. Hier zeichnete Globocnik einerseits gemeinsam mit Eichmann für die Eskalation der Judenverfolgung verantwortlich. Andererseits verstrickte er sich in eine Vielzahl von Zuständigkeitsquerelen und Korruptionsaffären. 1939 schickte Himmler ihn zur Bewährung in die Verfügungstruppe und ernannte ihn nach dem Polenfeldzug zum SS- und Polizeiführer von Lublin im östlichen Generalgouvernement, wo Globocnik wie schon in Wien auf radikale Antworten auf die «Judenfrage» drängte.

In den drei unter seiner Kontrolle stehenden Vernichtungslagern, bei deren Einrichtung T4-Experten wie Christian Wirth halfen, wurden in der zu Ehren Heydrichs so benannten «Aktion Reinhard» zwischen März 1942 und Oktober 1943 zusammen rund 1,5 Millionen Juden umgebracht. In Belzec, Sobibor und Treblinka kamen dabei – wie zuvor in den Euthanasietötungsanstalten – Gaskammern zum Einsatz, die mit Kohlenmonoxid betrieben wurden. Ebenso wie in Kulmhof wurden die Leichen in Massengräber geworfen. Wie schrecklich effektiv diese Tötungsfabriken arbeiteten, lässt sich an der Tatsache erkennen, dass zusammen nicht einmal 100 Überlebende der drei Lager bekannt sind.

Die Mordarbeit in Belzec, Sobibor, Treblinka und im Konzentrationslager Majdanek, wo zeitweise auch eine Gaskammer betrieben wurde, teilten sich relativ wenige deutsche SS-Männer mit einer weitaus größeren Zahl sogenannter Trawnikis. Im circa 40 km südöstlich von Lublin gelegenen Lager Trawniki ließ Globocnik etwa 4000 bis 5000 sogenannte Hilfswillige aus Polen, dem Baltikum und der Ukraine zu Mordgehilfen ausbilden. Da viele dieser Männer aus deutschen Kriegsgefangenenlagern rekrutiert wurden, in denen im Lauf des Zweiten Weltkriegs rund 3,3 Millionen Rotarmisten umkamen, ist allerdings fraglich, inwiefern die Trawnikis tatsächlich freiwillig in den SS-Dienst traten.

Während hinter der russischen Front die Massenerschießungen voranschritten und im besetzten Polen die Züge in die Vernichtung rollten, fand am 20. Januar 1942 in einer gediegenen Villa am Berliner Wannsee, die seit Oktober 1941 als Gästehaus der SS diente, eine rund 90-minütige Besprechung statt, bei der Heydrich hochrangigen deutschen Beamten seine Pläne für die systematische «Endlösung der Judenfrage» vorstellte. Das Protokoll der Veranstaltung, die dazu diente, die bereits beschlossene «Endlösung» im gesamteuropäischen Maßstab zu organisieren, führte Eichmann. Die Teilnehmer erhoben keine Einwände gegen den Plan, nun möglichst alle europäischen Juden, deren Gesamtzahl man auf elf Millionen schätzte, in den Osten zu deportieren und dort entweder unmittelbar zu ermorden oder durch härteste Zwangsarbeit in den Tod zu treiben.

Als Folge der Wannsee-Konferenz fuhren ab dem Frühjahr 1942 – koordiniert von Eichmann im Berliner Reichssicherheitshauptamt – aus allen von den Deutschen besetzten Gebieten mit Juden vollgestopfte Güterzüge in Richtung Osten. Einige, mit Juden aus Holland und Frankreich, steuerten Sobibor an. Andere, mit Juden aus Thrakien und Mazedonien, gingen nach Treblinka. Der größte Teil der Transporte aus West-, Mittel-, Süd- und Südosteuropa hatte jedoch ein anderes Ziel: die galizische Kleinstadt Auschwitz, die bis 1918 zur Habsburgermonarchie, danach zu Polen und ab Oktober 1939 als Teil des Gaus Schlesien zum Deutschen Reich gehörte.

Hier hatte die SS 1940 zunächst ein «normales» Konzentrationslager errichtet, das zur Unterdrückung der regionalen Bevölkerung, als Durchgangslager für polnische Zwangsarbeiter und – ab 1941 – auch zur Unterbringung sowjetischer Kriegsgefangener diente. Zum Kommandanten des KZ Auschwitz hatte Himmler Rudolf Höß ernannt. Höß, 1900 in Baden-Baden geboren, stammte aus einer streng katholischen Kaufmannsfamilie und hatte in seiner Kindheit unter einem sehr dominanten Vater gelitten. 1916 war er trotz seiner Jugend als Kriegsfreiwilliger angenommen worden und hatte es im Ersten Weltkrieg zum jüngsten Unteroffizier des Kaiserreichs gebracht. Nach 1918 schloss er sich einem Freikorps an, arbeitete als Tagelöhner und trug sich mit Suizidgedanken. 1922 trat er der NSDAP bei. Im Jahr darauf beteiligte er sich an der Ermordung eines vermeintlichen Verräters an der «deutschen Sache». Dafür saß er bis zu einer Amnestie im Jahr 1928 im Gefängnis. Nachdem er über die Artamanen-Bewegung in Kontakt mit Himmler gekommen war, heuerte er 1934 in Dachau im KZ-Wachdienst an, in dem er rasch aufstieg. In seinen nach dem Krieg in polnischer Haft verfassten Memoiren stilisierte sich Höß zum willenlosen, stets «anständigen» Befehlsempfänger. Tatsächlich aber genoss er die unbegrenzte Macht über Leben und Tod, die er als KZ-Kommandant besaß, und war stolz auf seine «Leistungen» in Himmlers Diensten.

Ab dem Spätsommer 1941 beteiligte sich Höß an der Suche nach einer «humaneren» Tötungsmethode. Dazu ließ er in Au-

Selektion ungarischer Juden, 1944

schwitz Vergasungsexperimente an sowjetischen Kriegsgefangenen und kranken KZ-Häftlingen durchführen. Der spezifische Auschwitzer Beitrag zur Technik der «Endlösung» bestand darin, anstelle von Kohlenmonoxid ein auf Blausäurebasis hergestelltes Insektenvernichtungsmittel zu verwenden, das im Konzentrationslager zur Kleiderentwesung in großen Mengen vorrätig war. Das von der Deutschen Gesellschaft für Schädlingsbekämpfung, kurz Degesch, hergestellte Mittel hieß Zyklon B.

Nach dem «Erfolg» der Probevergasungen ließ Höß das Teillager in Auschwitz-Birkenau zum Vernichtungslager umbauen. In zwei vermeintlich harmlosen ehemaligen Bauernhäusern bauten die SS-Techniker zwei Gaskammern ein, die sie «Bunker 1» und «Bunker 2» nannten. Hier wurden ab März 1942 die Juden aus den ersten Eichmann-Transporten ermordet. An der Rampe, an der die Züge ankamen, kam es zur zweiten Auschwitzer Neuerung: der Selektion. Da das Konzentrationslager über eine Vielzahl von Zwangsarbeitsplätzen verfügte – zuletzt unter anderem ein eigens errichtetes Werk des Chemiekonzerns IG Farben im Ortsteil Monowitz und rund 50 Außenlager –, entschieden die Auschwitzer KZ-Ärzte an der Rampe mit einer raschen Handbewegung über das Schicksal der eintreffenden Juden. Während sie Alte und Kinder sofort ins Gas schickten, wurden Männer, Frauen und Jugendliche, die kräftig genug erschienen, zunächst verschont, um ihre Arbeitskraft auszubeuten. Zu den Ärzten, die diese Aufgabe übernahmen, gehörte auch Josef Mengele, der an den Auschwitzer KZ-Häftlingen medizinische Experimente durchführte, die diejenigen Raschers in Dachau noch an Brutalität übertrafen.

Bis Mitte 1943 baute SS-Sturmbannführer Karl Bischoff Auschwitz-Birkenau im Auftrag von Höß zur leistungsfähigsten Mordmaschine aus, die die Welt je gesehen hat. In Zusammenarbeit mit der Erfurter Firma Topf & Söhne wurden neue Gaskammern errichtet, die – das dritte Spezifikum in Auschwitz im Vergleich zu den anderen Vernichtungslagern – mit Hochleistungskrematorien ausgestattet waren. Für die «Drecksarbeit» – das Leeren der Gaskammern nach der Vergasung, das Ausbrechen von Goldzähnen und das Verbrennen der Leichen – setzte die SS jüdische Häftlinge ein, die hofften, durch diese Tätigkeit ihr Leben zu retten. Da die Männer des «Schwarzen Ordens» die Mitglieder dieses «Sonderkommandos» aber regelmäßig austauschten und ihre Mitwisser jeweils erschossen, ging dieses traurige Kalkül für die wenigsten auf. Von den rund 2200 Häftlingen, die sich auf diesen Handel eingelassen hatten, überlebten nur ungefähr 110.

Bis zur Befreiung durch die Rote Armee am 27. Januar 1945 – heute der internationale Holocaust-Gedenktag – starben in Auschwitz rund 1,1 Millionen Juden, circa 900 000 davon in den Gaskammern. Für Rudolf Höß zahlte sich dieser «Erfolg» zunächst aus: Im November 1943 wurde er zum Leiter der für die Konzentrationslager zuständigen Amtsgruppe D in Oswald Pohls SS-Wirtschafts- und Verwaltungs-Hauptamt und zum stellvertretenden Inspekteur aller Konzentrationslager befördert.

Insgesamt kamen bis zum Kriegsende ungefähr 5,6 bis 5,7 Millionen Juden um. Eine zweite primär aus «rassischen» Gründen verfolgte Gruppe waren die Sinti und Roma. Mindestens 100 000 von ihnen wurden ermordet, viele davon in den Vernichtungslagern. Die weit überwiegende Mehrheit dieser Opfer geht, wie beschrieben, auf das Konto von deutschen SS- und Polizeieinheiten unter dem Befehl Himmlers.

Zwei Dinge belegen, dass den Männern des «Schwarzen Ordens» wohl bewusst war, welchen Zivilisationsbruch sie mit dem Holocaust und dem Porajmos – so die Bezeichnung für den Völkermord an den Sinti und Roma – begingen: Zum einen, dass sie weitgehend darauf verzichteten, sich ihrer Taten öffentlich zu rühmen. Himmler selbst bezeichnete die «Endlösung» in seiner berüchtigten Posener Rede vom 6. Oktober 1943 als «niemals geschriebenes und niemals zu schreibendes Ruhmesblatt unserer Geschichte».

Zum anderen, dass sie sich nach der «Kriegswende» des Winters 1941/42 daran machten, ihre Spuren zu verwischen. Mit der «Sonderaktion 1005» betrauten Heydrich und Gestapochef Müller SS-Standartenführer Blobel, den Befehlshabenden beim Massaker von Babij Jar. An den Massengräbern von Kulmhof führte Blobel aufwändige Leichenbeseitigungsexperimente durch. Als besonders effektiv erwies es sich, eine Art Rost aus Eisenbahnschienen zu errichten und darauf die mit Benzin getränkten Leichenberge zu verbrennen. Die Knochenreste wurden auf Himmlers ausdrücklichen Befehl in speziellen Mühlen oder mit einer Straßenwalze bis zur Unkenntlichkeit zerkleinert. 1943/44 versuchte eine Vielzahl von «Sonderkommandos», die jeweils aus zu diesem Einsatz gepressten und im Anschluss ermordeten Juden, deutschen Ordnungspolizisten und SS-Führern bestanden, auf diese Weise zumindest das exakte Ausmaß der beispiellosen Verbrechen zu verschleiern.

VI. «Alibi einer Nation»

1. Nürnberg und andere spektakuläre Urteile

Schon am 30. Oktober 1943 hatten die Vereinigten Staaten, Großbritannien und die Sowjetunion in der sogenannten Moskauer Deklaration festgelegt, dass sie die «Gräueltaten, Massaker und kaltblütigen Massenhinrichtungen», die die Deutschen in den von ihnen besetzten Gebieten verübten, nicht ungeahndet lassen würden. Die Hauptschuldigen wollten die Alliierten gemeinsam belangen. Alle übrigen NS-Verbrecher sollten dort vor Gericht gestellt werden, wo sie ihre Taten begangen hatten. Umgehend begann die «United Nations War Crimes Commission» Beweise zu sichern.

Nach der bedingungslosen deutschen Kapitulation einigten sich die Siegermächte Anfang August 1945 in London auf konkrete Regeln für ihr Internationales Militärtribunal. Nicht zuletzt, um die Welt und vor allem die Deutschen selbst über die NS-Verbrechen aufzuklären, sollte sich in Nürnberg, der Stadt der NSDAP-Reichsparteitage, die Spitze des braunen Regimes verantworten. Da Himmler im Mai 1945 Selbstmord begangen hatte, Heydrich drei Jahre zuvor in Prag bei einem Attentat tschechischer Widerstandskämpfer getötet und Eicke im Januar 1943 bei einem Aufklärungsflug an der Ostfront abgeschossen worden war, saß Ernst Kaltenbrunner, Heydrichs Nachfolger im Reichssicherheitshauptamt, als wichtigster Vertreter der SS auf der Nürnberger Anklagebank. Neben ihm hatten die Siegermächte aber auch – ganz bewusst auf die juristisch umstrittene Theorie der «Gruppenkriminalität» setzend – die Gesamtheit der SS, ihren Sicherheitsdienst und die Gestapo angeklagt. Ein Schuldspruch sollte bedeuten, dass jedes einzelne Mitglied der betreffenden Organisationen – angeklagt waren auch die Reichsregierung, das Korps der politischen Leiter der NSDAP, die SA und die Spitze der Wehrmacht – allein wegen der Zugehörigkeit vor Gericht gestellt und verurteilt werden konnte. Kollektivstrafen ohne individuelle Gerichtsverfahren blieben dagegen ausgeschlossen.

Bis zum Urteilsspruch im Oktober 1946 versuchten die Nürnberger Pflichtverteidiger der SS, Horst Pelckmann und Hans Gawlik, ebenso wie die von ihnen geladenen Entlastungszeugen, den Vorwurf zu entkräften, die SS sei die «Essenz des Nazismus [...] aus den draufgängerischsten Anhängern der Nazi-Idee» (US-Ankläger Warren Farr). Allerdings machten sie dabei keine besonders gute Figur. Hans Frank, vormals Generalgouverneur im besetzten Polen, sagte – in seiner Wortwahl noch immer ganz dem NS-Jargon verhaftet –, in der Schutzstaffel seien ihm «viele anständige, saubere und soldatisch klare Menschen» begegnet. Der ehemalige oberste SS-Richter Günther Reinecke verstieg sich zu der Behauptung, typisch für den «Schwarzen Orden» sei eine «besonders ethische Haltung» gewesen. Man habe die SS-Mitglieder zu «Anstand, Recht und Sitte» erzogen. Karl von Eberstein, als Höherer SS- und Polizeiführer und Polizeipräsident von München unter anderem für das KZ Dachau zuständig, stellte die These auf, die «große Masse» der SS-Angehörigen hätte rein gar nichts von der Judenvernichtung gewusst. Dass er dieses Nichtwissen auch für sich selbst in Anspruch nahm, machte seine Aussage nicht unbedingt glaubwürdiger. In seinem Schlussplädoyer räumte Pelckmann ein, dass es «nicht wenige» Mörder und Verbrecher in der SS gegeben habe. Dennoch forderte er, die «Hunderttausenden» freizusprechen, «die im guten Glauben dienten und so moralisch und metaphysisch, nicht kriminell, in [...] Schuld verstrickt wurden». Man dürfe keine «Masse der Verdammten und Geächteten im Herzen Europas» schaffen.

Die Nürnberger Richter ließen sich von dieser versteckten Drohung nicht ins Bockshorn jagen und sprachen die SS in allen drei Anklagepunkten – Verbrechen gegen den Frieden, Kriegsverbrechen und Verbrechen gegen die Menschlichkeit – schuldig. Ausdrücklich eingeschlossen in das Verdikt als «verbrecherische Organisation» waren die Allgemeine SS und die Waffen-SS, ausdrücklich ausgeschlossen lediglich die sogenannte

Reiter-SS und SS-Angehörige, die entweder vor Kriegsbeginn wieder ausgetreten oder während des Krieges zwangsverpflichtet worden waren. Die Begründung des Urteils war ebenso einfach wie plausibel: Es sei schlicht «unmöglich, auch nur einen Teil der SS auszusondern, der nicht an [...] verbrecherischen Handlungen teilnahm».

Allerdings hatten nur die wenigsten der ungefähr 600000 Waffen-SS-Veteranen und 150000 Mitglieder der Allgemeinen SS, die den Krieg überlebt hatten, unmittelbare Konsequenzen des Nürnberger Urteils zu fürchten. Denn lediglich in der britischen Besatzungszone kam es zu speziellen Verfahren wegen der «Organisationsverbrechen». Zudem waren die insgesamt 6098 Geld- und 2833 Haftstrafen, die hier verhängt wurden, so niedrig, dass die betreffenden SS-Männer die Spruchkammern unter Anrechnung ihrer vorherigen Internierung durch die Siegermächte in der Regel als freie Männer verließen. Auch in der US-Zone fasste man die ehemaligen Angehörigen des «Schwarzen Ordens» im Rahmen der allgemeinen Entnazifizierung nicht gerade hart an. Von den 27656 SS-Männern, die dieses Verfahren bis Ende 1948 durchliefen, wurden nur 111 als Hauptschuldige und 2592 als belastet eingestuft. 9906 hielt man für minderbelastet, 9406 für Mitläufer und 313 gar für entlastet. 5328 wurden, meist wegen ihrer Jugend, amnestiert.

Bedrohlicher als das Massenverfahren der Entnazifizierung waren aus Sicht der überlebenden SS-Täter dagegen die Strafprozesse wegen spezifischer NS-Verbrechen, die mit Befreiung und Kriegsende in ganz Europa einsetzten. Allerdings traf die juristische Aufarbeitung des nationalsozialistischen Unrechts gerade in Deutschland von Beginn an auf eine ganze Reihe von Schwierigkeiten.

So fehlte deutschen Gerichten bis 1950 in vielen Fällen schlicht die Zuständigkeit. Laut den Vorgaben der Siegermächte durften sie nur über Taten urteilen, die in Deutschland und an Deutschen verübt worden waren. Für das im Ausland bzw. an Ausländern begangene Unrecht waren alliierte Militärtribunale oder Gerichte in den von der deutschen Herrschaft befreiten

Ländern zuständig. In der unmittelbaren Nachkriegszeit kam es zu einer Vielzahl entsprechender Strafverfahren.

In der amerikanischen Zone mussten sich bis 1949 in den sogenannten Dachauer Prozessen Angehörige der Konzentrationslager-SS von Buchenwald, Flossenbürg, Mauthausen und eben Dachau vor US-Militärrichtern verantworten, in den zwölf Nürnberger Nachfolgeprozessen unter anderem 20 SS- und KZ-Ärzte, Oswald Pohl als Chef des SS-Wirtschafts- und Verwaltungshauptamts, Otto Hofmann und Richard Hildebrandt als Leiter des SS-Rasse- und Siedlungshauptamts, Ulrich Greifelt als Chef der Dienststelle des Reichskommissars für die Festigung deutschen Volkstums und Otto Ohlendorf als Führer der Einsatzgruppe D. Insgesamt verurteilten Militärgerichte der westlichen Siegermächte 5025 Personen wegen ihrer Taten während des Dritten Reichs, davon 806 zum Tode, wovon wiederum 486 tatsächlich hingerichtet wurden.

Eine ähnliche Bilanz für die sowjetisch besetzte Zone zu ziehen fällt schwer, da sich dort die Abrechnung mit den Nationalsozialisten und die sozialistische Umgestaltung der Gesellschaft derart überschnitten, dass eine klare Trennung kaum möglich ist. Insgesamt wurden von den Sowjets während der Besatzungszeit circa 45 000 Menschen, von ostdeutschen Gerichten bis zum Ende der DDR circa 20 000 Personen zumindest nominell wegen ihrer NS-Belastung bestraft.

In Polen, dem neben der UdSSR von den Nationalsozialisten am schwersten verwüsteten Land, wurde schon im August 1944, unmittelbar nach dem Einmarsch der Roten Armee, ein «Dekret über das Strafmaß für die hitlerfaschistischen Verbrecher» erlassen. Auf dessen Basis wurden in den folgenden Jahren über 5000 NS-Täter verurteilt und deutlich über 1000 hingerichtet, darunter SS-Größen wie der Auschwitz-Kommandant Höß. Ähnliche Prozesse fanden in nahezu allen europäischen Staaten statt.

Deutsche Gerichte dagegen hatten neben der anfangs vielfach fehlenden Zuständigkeit auch mit einer unsicheren Rechtslage zu kämpfen. Es war strittig, inwiefern die von den Alliierten eigens für den Umgang mit den beispiellosen NS-Verbrechen geschaffenen Tatbestände der Verbrechen gegen den Frieden und die Menschlichkeit gewissermaßen rückwirkend auch in deutschen Prozessen Anwendung finden sollten. Teilamnestien – ein nach Kriegen und politischen Umbrüchen übliches Mittel zur gesellschaftlichen Befriedung – wie die Straffreiheitsgesetze von 1949 und 1954 und komplizierte Verjährungsfragen ließen unklar erscheinen, was zu verfolgen war und was nicht. Konrad Adenauers erste Regierungserklärung vom 20. September 1949, in der er einerseits forderte, die «wirklich Schuldigen» hart zu bestrafen, andererseits «dort, wo es [...] vertretbar erscheint, Vergangenes vergangen sein zu lassen», dürfte kaum für mehr Klarheit gesorgt haben.

Schließlich gestaltete sich auch die Beweisführung schwierig, gerade für die während des Krieges begangenen Verbrechen. Der Großteil der Tatorte und damit auch der materiellen Beweise lag mittlerweile hinter dem «Eisernen Vorhang». Überlebende Zeugen waren im Nachkriegschaos schwer zu finden und, wo das doch gelang, zumeist hochgradig traumatisiert und nicht immer in der Lage, Entscheidendes zum erforderlichen individuellen und präzisen Schuldnachweis beizutragen.

Trotz all dieser Probleme erlahmten auch die deutschen Bemühungen um die Bestrafung der NS-Täter nie ganz. Zwischen 1945 und 2005 ermittelten west- bzw. bundesdeutsche Strafverfolger in immerhin 36 393 Einzelverfahren wegen NS-Verbrechen gegen 172 294 Personen. Es kam zu 5672 Anklageerhebungen gegen 16 740 Verdächtige und 4964 Strafprozessen gegen 14 693 Angeklagte. Davon wurden 6656 rechtskräftig verurteilt, die meisten allerdings nur zu relativ milden Zeitstrafen. Das lag vor allem daran, dass die deutschen Gerichte auch bei Tötungsdelikten nur dann auf Mord erkannten, wenn den Tätern Eigeninitiative und Exzesstaten bewiesen werden konnten. Die Mitwirkung an befohlenen Morden etwa in Einsatzgruppen und Vernichtungslagern wurde dagegen lediglich als Beihilfe bewertet. Bis 2005 wurden nur 166 NS-Täter von deutschen Richtern zu lebenslang verurteilt. Das lässt die spitze Kritik des Tübinger Strafrechtlers Jürgen Baumann verständlich erscheinen, der mit Blick auf diese vom Bundesgerichtshof mehrfach bestätigte Rechtssprechungspraxis feststellte: «Ein Täter [Hitler] und sechzig Millionen Gehilfen – das deutsche Volk, ein Volk von Gehilfen.»

Manche würdigen die juristische Aufarbeitung der NS-Verbrechen angesichts dieser Zahlen als einen im internationalen Vergleich bislang einzigartigen Versuch, die Untaten einer zwölfjährigen Diktatur mit rechtsstaatlichen Mitteln aufzuarbeiten und dabei auch die Rechte der Täter und Verdächtigen zu achten. Andere fokussieren vielmehr auf die Vielzahl ungenügend gesühnter Opfer und sprechen von «Justizversagen» und einer «zweiten Schuld» (Ralph Giordano). Egal wie man sich in dieser Streitfrage positioniert, fest steht, dass es immer wieder Mitglieder des «Schwarzen Ordens» waren, die im Fokus besonders spektakulärer NS-Prozesse standen.

So hatten sich zwischen März und August 1958 insgesamt zehn Männer in Ulm dafür zu verantworten, dass sie 1941 im Einsatzkommando Tilsit, einem Teil der Einsatzgruppe A, unter dem Kommando von SS-Oberführer Bernhard Fischer-Schweder an der Erschießung von tausenden litauischen Juden teilgenommen hatten. Das Ergebnis des Ulmer Einsatzgruppen-Prozesses war zwiespältig. Einerseits bürgerte sich nun ein, nicht mehr nur Einzelverbrechen, sondern ganze Tatkomplexe zu ermitteln. Auch wurde deutlich, wie viele im Osten begangene Morde noch nicht juristisch geahndet waren, und infolgedessen wurde in Ludwigsburg eine «Zentrale Stelle der Landesjustizverwaltungen zur Aufklärung nationalsozialistischer Verbrechen» gegründet, die bis heute für systematische Vorermittlungen zuständig ist. Andererseits war gerade der Ulmer Prozess prägend für die beschriebene Praxis der Gehilfenrechtsprechung.

Zwischen Dezember 1963 und August 1965 fand in Frankfurt am Main der bis dato größte deutsche Strafprozess gegen insgesamt 22 Männer statt, die in Auschwitz gedient hatten, darunter der Höß-Adjutant Robert Mulka, der Lagerapotheker Victor Capesius, der Lagerarzt Franz Lucas und der Mitarbeiter der Lager-Gestapo Wilhelm Boger. Mitarbeiter des Münchner Instituts für Zeitgeschichte um Hans Buchheim und Martin

Broszat lieferten umfangreiche Prozessgutachten, die die *Anatomie des SS-Staates* in bislang unbekannter Klarheit herausarbeiteten. 356 Zeugen sagten in Frankfurt aus, darunter 220 Holocaustüberlebende um Hermann Langbein, den Mitgründer des Internationalen Auschwitz-Komitees. Der besondere Wert des Auschwitz-Prozesses lag weniger in den verhängten Strafen – unter anderem lebenslang für Boger, dem brutalste Folter und sadistische Morde nachgewiesen wurden, 14 Jahre für Mulka, 9 für Capesius, aber nur 3 ¼ für Lucas, obwohl der ehemalige SS-Obersturmführer zugegeben hatte, an Selektionen mitgewirkt zu haben. Bemerkenswert war vielmehr, dass hier endlich – so Chefankläger Fritz Bauer, der es als deutsch-jüdischer Remigrant zum hessischen Generalstaatsanwalt und zur wohl wichtigsten Einzelfigur unter den westdeutschen NS-Ermittlern gebracht hatte – «die historische Wahrheit» über Auschwitz einer breiten Öffentlichkeit vor Augen geführt wurde.

Auch der möglicherweise «letzte große NS-Prozess» (Heinrich Wefing) drehte sich um eines der Vernichtungslager, die der «Schwarze Orden» im Auftrag Hitlers und Himmlers betrieb. Zwischen Juli 2009 und Mai 2011 stand in München John Demjanjuk wegen seiner Mitarbeit in der «Vernichtungsmaschinerie» von Sobibor vor Gericht. Der 1920 geborene Ukrainer war 1942 als Rotarmist in deutsche Kriegsgefangenschaft geraten. Um dieser zu entkommen, ging er als «Hilfswilliger» in Globocniks Trawniki-Ausbildungslager. 1943 tat er für mehrere Monate in Sobibor Dienst, danach unter anderem auch in Flossenbürg. Im Prozess wurde belegt, dass einzelne flüchtige Trawnikis nach ihrer Ergreifung hingerichtet wurden und die «Hilfswilligen» somit weit stärker als deutsche SS-Männer unter Befehlsnotstand standen. Auch konnte Demjanjuk die individuelle Beteiligung an Tötungshandlungen nicht nachgewiesen werden, ein Umstand, der in den deutschen NS-Verfahren bis dato zwingend zum Freispruch führte. Dennoch verurteilte das Landgericht München ihn wegen Beihilfe zum Mord zu fünf Jahren Gefängnis.

Der Demjanjuk-Prozess ist ein Paradebeispiel für die Zwiespältigkeit der juristischen Aufarbeitung der SS-Verbrechen. Einerseits ist kritisiert worden, dass hier «der kleinste der kleinen Fische» (Christiaan Rüter) bestraft wurde, während viele seiner deutschen Vorgesetzten straffrei ausgingen. In der Tat war beispielsweise SS-Sturmbannführer Karl Streibel, der Kommandant des Trawniki-Lagers, 1976 von einem Hamburger Gericht freigesprochen worden, weil man ihm angeblich nicht hatte beweisen können, dass er wusste, wofür genau er die «Hilfswilligen» ausbildete. Andererseits ist im Demjanjuk-Prozess wertvolle Aufklärungsarbeit über die bislang vergleichsweise wenig beachteten Lager der «Aktion Reinhard» geleistet worden. Die als Nebenkläger auftretenden Angehörigen von Sobibor-Opfern haben das Urteil als Genugtuung empfunden. Ein Kommentar der Berliner *taz* titelte im Bezug auf die auch nach dem Prozess weiterlaufenden Ermittlungen gegen hochbetagte NS-Täter lapidar: «Besser spät als nie».

2. Von Flüchtlingen, alten Seilschaften und neuen Nachbarn

Angesichts der drohenden Bestrafung durch die Sieger und die überlebenden Opfer nahmen sich im Mai 1945 nicht nur Himmler, sondern zahlreiche weitere SS-Größen das Leben, meist mit Hilfe von Zyankalikapseln. In den Selbstmord flüchteten sich beispielsweise der T4-Chef Philipp Bouhler, der Höhere SS- und Polizeiführer im Generalgouvernement Friedrich-Wilhelm Krüger, sein Pendant in Teilen der besetzten Sowjetunion Hans-Adolf Prützmann, Eickes Nachfolger an der Spitze der Inspektion der Konzentrationslager Richard Glücks oder Odilo Globocnik, der Spiritus Rector der mörderischen «Aktion Reinhard».

Anderen SS-Tätern gelang dagegen die Flucht ins gewissermaßen «befreundete Ausland». Dazu zählten einige arabische Staaten, die in der Nachkriegszeit gegen die Gründung Israels kämpften und radikale Antisemiten willkommen hießen. Mit offenen Armen empfangen wurden Angehörige der Schutzstaffel auch in den Rechtsdiktaturen, die das Kriegsende überstanden, wie Spanien unter Francisco Franco und vor allem Argentinien unter Juan Perón. Allein dieses lateinamerikanische Land nahm mindestens 180 NS-Täter auf. Sie kamen zum Beispiel über die berüchtigte «Ratten-» oder «Klosterlinie», die über die Alpen und Südtirol nach Italien führte. Hier organisierte der aus Österreich stammende Bischof Alois Hudal, Rektor des deutschen Priesterkollegs Santa Maria dell'Anima in Rom, ein Fluchthilfenetzwerk, das den NS-Verbrechern Verstecke, falsche Papiere und Schiffspassagen nach Übersee verschaffte. Hudal war ein glühender Hitlerverehrer. Nach dem Reichskonkordat von 1933 hatte er dem «Führer» ein Buch über die ideellen *Grundlagen des Nationalsozialismus* gewidmet. Nun sah er es als seine Christenpflicht an, den «kriegsverfolgten» Nationalsozialisten unter die Arme zu greifen, die er überdies weiterhin für geeignete Verbündete im Kampf gegen den «antichristlichen Bolschewismus» hielt. Über diesen und andere Fluchtwege, etwa über die argentinischen Botschaften in Dänemark und Schweden, entkamen unter anderem Eichmann und sein enger Mitarbeiter Alois Brunner, der Auschwitz-Arzt Mengele, der Gestapo-Chef von Lyon Klaus Barbie, der Kommandant von Sobibor und Treblinka Franz Stangl und der Erfinder der Gaswagen Walther Rauff.

Die bei weitem überwiegende Mehrheit der alten SS-Männer ließ sich jedoch nach der Rückkehr aus Krieg, Kriegsgefangenschaft und alliierter Internierung wieder unter eigenem Namen in Deutschland nieder. Ihre vormaligen «Volksgenossen», die sich ebenfalls millionenfach für «Führer und Vaterland» engagiert hatten und nun eine Art «Volksgemeinschaft der Besiegten» bildeten, scheinen wenig Berührungsängste gehabt zu haben. Die Kultur des «kommunikativen Beschweigens» (Hermann Lübbe), in der selbst lupenreine Demokraten und Widerständler sich zwar öffentlich scharf von der Idee des Nationalsozialismus und dem Unrechtsstaat des Dritten Reichs distanzierten, die konkreten Taten einzelner mehr oder weniger «kleiner Nazis» aber nicht thematisierten, solange diese sich still verhielten, erleichterte die soziale Reintegration der Männer des «Schwarzen Ordens».

Wie gut dieses «Beschweigen» funktionierte und wie bereitwillig die Familien sowie die alten und neuen Nachbarn der SS-Männer deren Selbstrechtfertigungen als «verführte Idealisten», «unglücklich Verstrickte», «bloße Befehlsempfänger» oder «Soldaten wie andere auch» akzeptierten, hat Christina Ullrich in ihrer Dissertation zum Leben von 19 Einsatzgruppentätern nach 1945 belegt. Manchem dieser Männer wurde selbst nach der Verurteilung wegen Beihilfe zum Mord der Arbeitsplatz bis zur Verbüßung der Haftstrafe freigehalten. Als Jochen Peiper, der als Waffen-SS-Führer für Mordtaten in Russland, Italien und den Ardennen verantwortlich war, 1956 aus dem Landsberger Kriegsverbrecher-Gefängnis entlassen wurde, warteten gleich drei Stellenangebote auf ihn. Er entschied sich für das lukrativste beim aufstrebenden Sportwagenhersteller Porsche, dessen Besitzer Ferry Porsche ebenso zum «Schwarzen Orden» gehört hatte wie der Geschäftsführer Albert Prinzing. Bald verdiente Peiper die für die «Wirtschaftswunderzeit» höchst stattliche Summe von 2000 DM im Monat und konnte sich ein Ferienhaus im alten SS-Sehnsuchtsland Burgund leisten.

Dass ehemaligen SS-Männern in manchem deutschen Großunternehmen selbst Führungspositionen offenstanden, zeigen drei weitere Fälle. Best, Heydrichs Stellvertreter im Reichssicherheitshauptamt, wurde 1953 Justitiar beim Mülheimer Stinnes-Konzern, wie Peiper als offiziell verurteilter Kriegsverbrecher. Max Frauendorfer, der der Schutzstaffel seit 1928 angehört und im Dritten Reich unter anderem das Reichsrechtsamt der NSDAP und das Hauptamt Arbeit im Generalgouvernement geleitet hatte, bevor er über Streitereien um die Besatzungspolitik in Ungnade fiel, stieg in den 1950er Jahren in der Münchner Zentrale der Allianz-Versicherung bis zum Bereichsdirektor auf. Reinhard Höhn schließlich, einer der Männer der ersten Stunde beim Aufbau des SS-Sicherheitsdiensts und zuletzt im Rang eines SS-Oberführers, gründete 1956 in Bad Harzburg eine Akademie für Führungskräfte, die mit ihrem *Harzburger Modell* bis in die 1980er Jahre eine der prägenden Managerkaderschmieden der Bundesrepublik war.

Über den Artikel 131 des Grundgesetzes und das dazugehörige, im Mai 1951 im Bundestag ohne Gegenstimme verabschiedete Ausführungsgesetz zur Wiedereinstellung ehemaliger Reichsbeamter gelangte zudem eine große Zahl ehemaliger SS-Angehöriger in die bundesdeutsche Polizei. Angesichts der beschriebenen hochgradigen Verflechtung der Schutzstaffel mit der Polizei bis 1945 war das wohl auch kaum völlig zu vermeiden. Dennoch verblüfft rückblickend die Tatsache, dass ein ehemaliger SS-Obersturmführer wie Georg Heuser es bis zum Leiter des Landeskriminalamts von Rheinland-Pfalz bringen konnte, bevor er wegen seiner Einsatzgruppentaten aufflog. Im Bundeskriminalamt (BKA) waren 1958 33 von 57 leitenden Posten mit ehemaligen SS-Männern besetzt. Dass es selbst im Bundesamt für Verfassungsschutz über ein Dutzend Mitglieder des «Schwarzen Ordens» gab, kommentierte die *Süddeutsche Zeitung* 1963 irritiert mit den Worten, hier habe man «Böcke zu Gärtnern gemacht». Nicht minder verblüffend ist allerdings die Erkenntnis einer 2011 erschienenen Studie zu den *Schatten der Vergangenheit* im BKA: Abgesehen davon, dass Homosexuelle, Sinti und Roma sowie Kommunisten weiterhin mit großem Eifer verfolgt wurden, was in den 1950er Jahren allerdings breite gesellschaftliche Zustimmung fand, führte die personelle nicht zu einer inhaltlichen Renazifizierung. Vielmehr fügte sich ein Großteil der alten SS-Polizisten unauffällig in den neuen Rechtsstaat ein, bevor sie sich in den 1960er und 1970er Jahren ebenso unauffällig in den Ruhestand verabschiedeten.

Keine Anerkennung als Staatsdiener gemäß Artikel 131 fanden dagegen die ehemaligen Männer der Waffen-SS. Gegen diese vermeintliche Ungerechtigkeit und ihre angebliche Diffamierung schrieben Paul Hausser und andere SS-Divisionskommandeure wie Felix Steiner und Kurt Meyer in den 1950er und 1960er Jahren mit apologetischen Machwerken an. Gemeinsam mit circa 20000 Waffen-SS-Veteranen organisierten sie sich in einer bundesweit aktiven «Hilfsgemeinschaft auf Gegenseitigkeit». Die HIAG stellte mehrere Großveranstaltungen mit mehr als 10000 Teilnehmern auf die Beine, wurde zunächst sowohl von Oppositionsführer Kurt Schumacher als auch von Bundeskanzler Adenauer hofiert und erreichte tatsächlich die Anrechnung von Waffen-SS-Dienstzeiten in der Rentenversicherung.

HIAG-Treffen in Göttingen, 1954

Die Hoffnung auf massenhafte Wiedereinstellung in der ab 1955 aufgestellten Bundeswehr zerschlug sich dagegen. Hier blieb es bei einer strengen Einzelfallprüfung und einem Ausschluss von höheren Offiziersrängen. 1960 standen etwa 700 ehemalige SS-Angehörige im Sold der westdeutschen Armee.

In den 1970er Jahren stießen die öffentlichen Treffen der HIAG auf zunehmenden Protest. Immer häufiger kam es zu Gegendemonstrationen, teilweise zu gewaltsamen Zusammenstößen. Ab 1979 beobachtete der Verfassungsschutz die SS-Veteranen. 1981 schloss die SPD die zuvor mögliche Doppelmitgliedschaft in HIAG und sozialdemokratischer Partei aus. 1982 verlor Franz Schönhuber seinen Posten als stellvertretender Chefredakteur des Bayerischen Fernsehens, nachdem er sich im Jahr zuvor mit kaum verhohlenem Stolz zu seiner Waffen-SS-Mitgliedschaft bekannt hatte. Einen gewissen Kontrapunkt setzte Bundeskanzler Helmut Kohl, als er am 5. Mai 1985 gemeinsam mit US-Präsident Ronald Reagan in Bitburg einen Soldatenfriedhof besuchte, auf dem neben Wehrmachtsangehörigen auch Waffen-SS-Männer liegen. Prompt musste Kohl sich heftige Kritik gefallen lassen, unter anderem des Philosophen Jürgen Habermas und des Schriftstellers Günter Grass.

Wie sensibel die bundesdeutsche Öffentlichkeit inzwischen auf jede Form von SS-Belastung reagiert, erfuhr Letzterer im Jahr 2006 am eigenen Leib. In der «Ära Adenauer» waren Männer, denen über die formale SS-Angehörigkeit nichts nachzuweisen war, selbst in hohen und höchsten Staatsämtern akzeptabel. Das belegen Adenauers Kabinettsmitglieder Victor-Emanuel Preusker (SS-Mitglied seit 1933, Bundesminister für Wohnungsbau 1953–57) und Waldemar Kraft (SS-Ehrenführer seit 1939, Bundesminister für besondere Aufgaben 1953–56). Als Grass jedoch im Vorfeld der Publikation seines autobiografischen Romans *Beim Häuten der Zwiebel* eingestand, 1945 als 17-Jähriger nicht bei der Wehrmacht, sondern in der SS-Panzerdivision Frundsberg gedient zu haben, schlug ihm ein Proteststurm ins Gesicht. Der Grundtenor: Selbst diese schwächste denkbare Form der SS-Angehörigkeit, vor allem aber das viel zu späte Eingeständnis delegitimiere zwar nicht das künstlerische Werk des Literaturnobelpreisträgers, wohl aber sein öffentliches Auftreten als politischer Intellektueller. Der konservative Publizist und Hitler-Biograf Joachim Fest beispielsweise urteilte, er «würde nicht mal mehr einen Gebrauchtwagen von diesem Mann kaufen».

3. Täterbilder

Bereits ein Jahr nach Kriegsende erschien eine erste, ebenso erfolg- wie einflussreiche Darstellung über die SS. Ihr Verfasser, Eugen Kogon, wusste genau, wovon er schrieb, schließlich hatte der katholische Publizist und Widerständler mehr als sieben Jahre in den Kerkern der Gestapo und des «Schwarzen Ordens» hinter sich, die letzten sechs davon im Konzentrationslager Buchenwald.

Ausgehend von seinen Erfahrungen beschrieb Kogon in *Der*

SS-Staat den Alltag der Häftlinge ebenso minutiös wie das «Drohnendasein» der Wachmänner. In Bezug auf die «Psychologie der SS» folgerte er, bei den Männern des «Schwarzen Ordens» habe es sich in aller Regel «um Tiefunzufriedene, Nichterfolgreiche, durch irgendwelche Umstände Zurückgesetzte, um Minderbegabte aller Art und häufig genug um sozial gescheiterte Existenzen» gehandelt.

Diese Deutung, mit der Kogon die Schutzstaffel gewissermaßen aus der deutschen Gesellschaft herausschrieb und die – wie dargestellt – die tatsächliche soziale Zusammensetzung der Gesamt-SS nicht ausreichend erfasste, korrespondierte mit einer volkspädagogischen Absicht. Der spätere Mitbegründer der *Frankfurter Hefte*, eines intellektuellen Zentralorgans der jungen Bundesrepublik, stellte sich vehement gegen vermeintliche «Kollektivschuldthesen», gestand auch einst begeisterten Anhängern des Nationalsozialismus ein «Recht auf politischen Irrtum» zu und hoffte, sie «eines Besseren belehren» zu können. Insofern war die Marginalisierung des «Schwarzen Ordens» zu einer Negativauslese, bei der sich problemlos ein Großteil der von Kogon deutlich benannten Schuld abladen ließ, ohne an den Grundfesten der deutschen Kultur und Gesellschaft zu rütteln, eine Art Reintegrationsangebot an seine Landsleute. Diese machten davon dankbar Gebrauch, wie der Erfolg dieses Buches belegt, dessen Startauflage von 35 000 Exemplaren rasch vergriffen war und das sich bis heute über eine halbe Million Mal verkauft hat.

Schon im August 1946 schrieb Wilhelm Emanuel Süskind in der *Süddeutschen Zeitung* dagegen, es sei alles in allem eine «wenig würdige [...] Ausrede», wenn man jetzt allenthalben höre: «Wir sind nicht schuld – das hat die SS getan.» Zehn Jahre darauf schloss sich der englische Autor Gerald Reitlinger, der sich als einer der Ersten an einer Gesamtdarstellung des Holocaust versucht hatte, dieser Kritik an und klagte, die Schutzstaffel sei für die Deutschen nach 1945 zu einem allzu «bequemen Sündenbock» geworden, zum «Alibi einer Nation». Die Tatsache, dass die deutsche Übersetzung seines SS-Buchs nicht unter diesem Titel erschien, sondern verquast als *Tragödie einer deutschen Epoche*, zeigt, dass Reitlinger den Finger in eine offene Wunde gelegt hatte.

1963 griff die deutsch-jüdische Philosophin Hannah Arendt, die angesichts der Judenverfolgung zuerst nach Frankreich und dann in die USA emigriert war, Reitlingers Impuls auf. Anlässlich des Jerusalemer Prozesses gegen den Organisator des Holocausts – Eichmann war 1960 vom israelischen Geheimdienst aus Argentinien entführt worden – publizierte Arendt eine Neudeutung der historischen Rolle der SS. Im ausdrücklichen Anschluss an Reitlinger betonte sie, dass der Judenmord nicht allein vom Rand der deutschen Gesellschaft ausging, sondern dass daran auch viele von deren «angesehensten Mitgliedern» beteiligt waren. Eichmann dagegen, so schrieb sie in ihrem *Bericht von der Banalität des Bösen*, habe «außer einer ganz ungewöhnlichen Beflissenheit, alles zu tun, was seinem Fortkommen dienlich sein konnte, […] überhaupt keine Motive gehabt». Mit dieser vor allem auf Eichmanns Vernehmungsaussagen beruhenden Analyse war neben Kogons sadistisch-soziopathischen KZ-Wachmann ein neuer Typus getreten: der kühl kalkulierende, gewissenlose und opportunistische «Schreibtischtäter» in Schlips und Kragen.

Ulrich Herbert und Michael Wildt haben 1996 bzw. 2002 mit ihren Habilitationsschriften zum Heydrich-Stellvertreter Werner Best und 221 weiteren Mitgliedern des Führungskorps im Reichssicherheitshauptamt nachgewiesen, dass das von Arendt entworfene Stereotyp wenig mit dem tatsächlichen Führungspersonal der Schutzstaffel zu tun hatte. Hier waren nicht bloße Karrieristen, sondern überzeugte und hochgradig motivierte «Weltanschauungstäter» am Werk, die den nationalsozialistischen Kampf um «Lebensraum» und gegen die Juden mit ebensolcher «Sachlichkeit» wie «Unbedingtheit» führten. Bettina Stangneth konnte 2011 nachweisen, dass diese Charakteristika auch auf Eichmann zutrafen, der sich in Jerusalem ebenso geschickt wie letzten Endes vergeblich als willenloses «kleines Rädchen» im «Verwaltungsmassenmord» verharmloste, um der Todesstrafe zu entgehen.

Diese und zahlreiche andere Ergebnisse der «neuen Täterforschung» machen dreierlei deutlich. Erstens: Weit verbreitete popkulturelle Täterbilder, wie Jonathan Littells Ich-Erzähler Dr. Maximilian Aue aus dem hunderttausendfach verkauften Roman *Die Wohlgesinnten* von 2008 oder Quentin Tarantinos oscarprämierter «Judenjäger» Hans Landa aus dem Film *Inglourious Basterds* von 2009, sind wenig weiterführend. Die Dämonisierung von SS-Männern zu genialisch-faszinierenden Verkörperungen eines gewissermaßen überzeitlichen «Bösen an sich» entzieht diese Figuren dem historischen Verstehen. Mit solchen Zerrbildern lassen sich Schauer- und Grusel-, aber keine Lerneffekte erzielen.

Zweitens: Zu einem adäquaten Verständnis des «Schwarzen Ordens» und seiner Männer muss eine Vielzahl von Faktoren berücksichtigt werden: die speziellen Erfahrungen der Kriegs- und Kriegsjugendgeneration des Ersten Weltkriegs, die gesellschaftlichen und kulturellen Verwerfungen der Weimarer Jahre, die Ideen der Rassisten, Eugeniker, Raumplaner und anderen *Vordenker der Vernichtung*, die von Himmler konzipierte «Erziehung» der SS-Männer und die ebenso gruppen- wie situationsspezifische Sozialisation der Gewalt in den KZ-Wachmannschaften, Einsatzgruppen und Einheiten der Waffen-SS.

Drittens: Dank des jahrzehntelangen Einsatzes deutscher und internationaler Strafverfolger und Historiker hat die SS ihre Rolle als «Alibi einer Nation» ausgespielt. Anfangs traf die detaillierte und vor allem personalisierte Auseinandersetzung mit der Schutzstaffel auf erhebliche Widerstände. Fast 70 Jahre nach Ende des Zweiten Weltkriegs hat sich die Situation gewandelt. Die ebenso exzellenten wie viel besuchten Dauerausstellungen zur Geschichte der SS auf der Wewelsburg bei Paderborn und in der Berliner Topographie des Terrors zeigen: Heute stellt sich die deutsche Gesellschaft – sicher auch aufgrund des «Aussterbens» der Zeitzeugen- und Tätergeneration – dem schweren Erbe des Nationalsozialismus. Zu diesem schweren Erbe gehören die Geschichte und die Verbrechen des «Schwarzen Ordens».

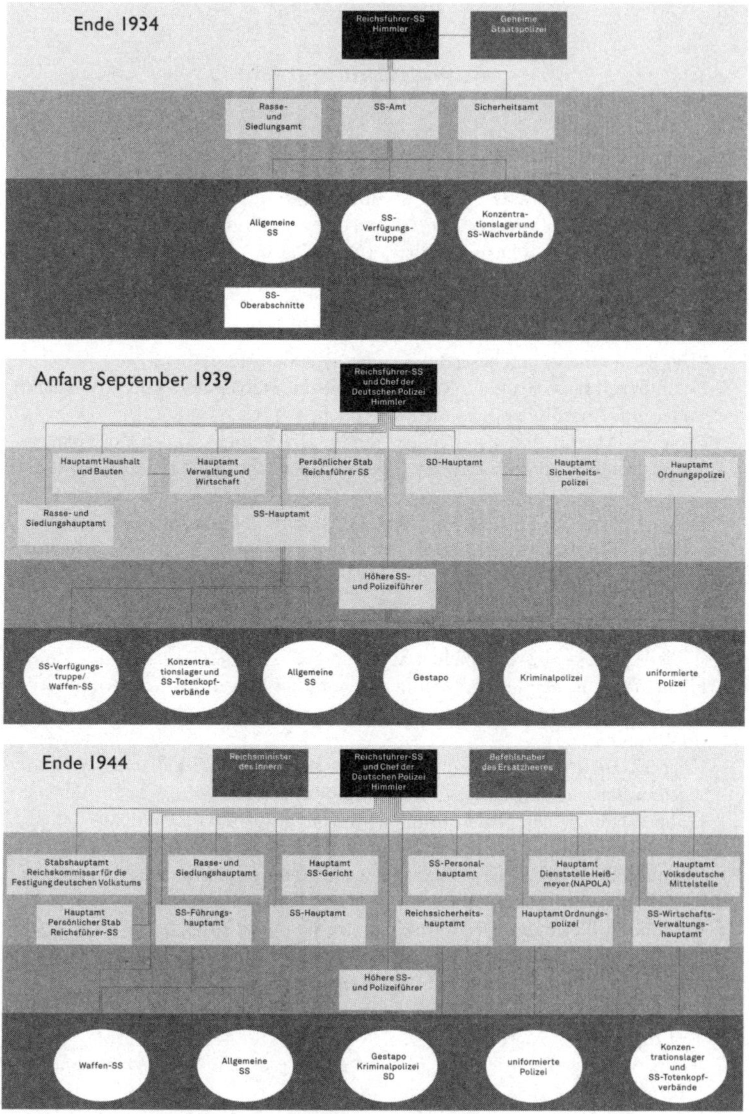

Die zunehmend komplexe Organisation der SS

Auswahlbibliografie

Angrick, Andrej: Besatzungspolitik und Massenmord. Die Einsatzgruppe D in der südlichen Sowjetunion 1941–1943, Hamburg 2003.

Benz, Wolfgang und Distel, Barbara (Hg.): Der Ort des Terrors. Geschichte der nationalsozialistischen Konzentrationslager, 5 Bände, München 2005–2007.

Birn, Ruth Bettina: Die Höheren SS- und Polizeiführer. Himmlers Vertreter im Reich und in den besetzten Gauen, Düsseldorf 1986.

Buchheim, Hans, Broszat, Martin, Jacobsen, Hans-Adolf und Krausnick, Helmut: Anatomie des SS-Staats, München [8]2005.

Cüppers, Martin: Wegbereiter der Shoah. Die Waffen-SS, der Kommandostab Reichsführer-SS und die Judenvernichtung 1939–1945, Darmstadt 2005.

Dams, Carsten und Stolle, Michael: Die Gestapo. Herrschaft und Terror im Dritten Reich, München 2008.

Gerwarth, Robert: Reinhard Heydrich. Biographie, München 2011.

Hein, Bastian: Elite für Volk und Führer? Die Allgemeine SS und ihre Mitglieder 1925–1945, München 2012.

Heinemann, Isabel: «Rasse, Siedlung, deutsches Blut». Das Rasse- und Siedlungshauptamt der SS und die rassenpolitische Neuordnung Europas, Göttingen 2003.

Herbert, Ulrich: Best. Biographische Studien über Radikalismus, Weltanschauung und Vernunft 1903–1989, Bonn [5]2011.

Höhne, Heinz: Der Orden unter dem Totenkopf. Die Geschichte der SS, Gütersloh 1967.

Ingrao, Christian: Hitlers Elite. Die Wegbereiter des nationalsozialistischen Massenmords, Berlin 2012.

Kaienburg, Hermann: Die Wirtschaft der SS, Berlin 2003.

Kater, Michael H.: Das «Ahnenerbe» der SS 1935–1945. Ein Beitrag zur Kulturpolitik des Dritten Reiches, München [4]2006.

Koehl, Robert Lewis: The Black Corps. The Structure and Power Struggles of the Nazi SS, Madison 1983.

Koop, Volker: «Dem Führer ein Kind schenken». Die SS-Organisation Lebensborn e. V., Köln u. a. 2007.

Krausnick, Helmut und Wilhelm, Hans-Heinrich: Die Truppe des Weltanschauungskrieges. Die Einsatzgruppen der Sicherheitspolizei und des SD 1938–1942, Stuttgart 1981.

Longerich, Peter: Heinrich Himmler. Biographie, Berlin 2008.

Matthäus, Jürgen u.a. (Hg.): Ausbildungsziel Judenmord? «Weltanschauliche Erziehung» von SS, Polizei und Waffen-SS im Rahmen der «Endlösung», Frankfurt a.M. 2003.

Merkl, Franz Josef: General Simon. Lebensgeschichten eines SS-Führers. Erkundungen zu Gewalt und Karriere, Kriminalität und Justiz, Legenden und öffentlichen Auseinandersetzungen, Augsburg 2010.

Mühlenberg, Jutta: Das SS-Helferinnenkorps. Ausbildung, Einsatz und Entnazifizierung der weiblichen Angehörigen der Waffen-SS 1942–1949, Hamburg 2011.

Orth, Karin: Das System der nationalsozialistischen Konzentrationslager. Eine politische Organisationsgeschichte, Hamburg 1999.

Orth, Karin: Die Konzentrationslager-SS. Sozialstrukturelle Analysen und biographische Studien, Göttingen 2000.

Riedel, Dirk: Ordnungshüter und Massenmörder im Dienst der «Volksgemeinschaft». Der KZ-Kommandant Hans Loritz, Berlin 2010.

Rohrkamp, René: «Weltanschaulich gefestigte Kämpfer». Die Soldaten der Waffen-SS 1933–1945, Paderborn u.a. 2010.

Schulte, Jan Erik: Zur Geschichte der SS. Erzähltraditionen und Forschungsstand, in: ders. (Hg.): Die SS, Himmler und die Wewelsburg, Paderborn u.a. 2009, S. XI–XXXV.

Schulte, Jan Erik: Zwangsarbeit und Vernichtung: Das Wirtschaftsimperium der SS. Oswald Pohl und das SS-Wirtschafts-Verwaltungshauptamt 1933–1945, Paderborn u.a. 2001.

Schwarz, Gudrun: Eine Frau an seiner Seite. Ehefrauen in der «SS-Sippengemeinschaft», Hamburg 1997.

Segev, Tom: Die Soldaten des Bösen. Zur Geschichte der KZ-Kommandanten, Hamburg 1992.

Smelser, Ronald und Syring, Enrico (Hg.): Die SS: Elite unter dem Totenkopf. 30 Lebensläufe, Paderborn u.a. 2000.

Stangneth, Bettina: Eichmann vor Jerusalem. Das unbehelligte Leben eines Massenmörders, Zürich u.a. 2011.

Ullrich, Christina: «Ich fühl' mich nicht als Mörder!». Die Integration von NS-Tätern in die Nachkriegsgesellschaft, Darmstadt 2011.

Wegner, Bernd: Hitlers Politische Soldaten. Die Waffen-SS 1933–1945, Paderborn u.a. [8]2008.

Weise, Niels: Eicke. Eine SS-Karriere zwischen Nervenklinik, KZ-System und Waffen-SS, Paderborn u.a. 2013.

Westemeier, Jens: Himmlers Krieger. Joachim Peiper und die Waffen-SS in Krieg und Nachkriegszeit, Paderborn u.a. 2014.

Wildt, Michael: Generation des Unbedingten. Das Führungskorps des Reichssicherheitshauptamts, Hamburg [2]2008.

Wilke, Karsten: Die «Hilfsgemeinschaft auf Gegenseitigkeit» (HIAG) 1950–1990. Veteranen der Waffen-SS in der Bundesrepublik, Paderborn u. a. 2011.

Personenregister*

* Auf Einträge zu den Namen Adolf Hitler und Heinrich Himmler wird verzichtet, da diese zu häufig für eine sinnvolle Einzelerfassung genannt werden.

Bildnachweis

© akg-images S. 100
© Atelier Weidner und Händle, Stuttgart S. 119
© BArch/Bild 183-H08448, Fotograf: ohne Angabe S. 53
© BArch/Bild 146-1973-010-11, Fotograf: ohne Angabe S. 56
© BArch/Bild 152-01-26, Fotograf: Friedrich Franz Bauer S. 61
© Bridgeman Images/Peter Newark Military Pictures S. 19
© dpa Picture-Alliance/UPI S. 114
© ullstein bild – Atlantic Press S. 81
© ullstein bild – Süddeutsche Zeitung/Scherl S. 45
© Wolf Willrich/IfZ-Archiv, DC 029.001, SS-Leitheft 9/1938, S. 60a S. 26

C.H.BECK WISSEN

Zuletzt erschienen:

2006: Bronisch, **Der Suizid**
2222: Lütteken, **Richard Strauss • Die Opern**
2223: Mauser, **Mozarts Klaviersonaten**
2613: Kroll, **Geschichte Sachsens**
2744: Conze, **Das Auswärtige Amt**
2752: Kammertöns, **Das Klavier**
2757: Khan, **Das Rote Kreuz**
2760: Maissen, **Geschichte der Frühen Neuzeit**
2766: Voss, **Richard Wagner**
2778: Duchhardt, **Der Wiener Kongress**
2779: Englhart, **Das Theater der Gegenwart**
2780: Faulenbach, **Willy Brandt**
2781: Gilomen, **Wirtschaftsgeschichte des Mittelalters**
2782: Gross, **November 1938**
2783: Kocka, **Geschichte des Kapitalismus**
2784: Kurz, **Geschichte des ökonomischen Denkens**
2785: Jansen/Osterhammel, **Dekolonisation**
2786: Preckel/Baudson, **Hochbegabung**
2787: Röhl, **Wilhelm II.**
2788: Sommer, **Wirtschaftsgeschichte der Antike**
2792: Meußdoerffer/Zarnkow, **Das Bier**
2797: Bahlcke, **Geschichte Tschechiens**
2798: Benz, **Der deutsche Widerstand gegen Hitler**
2799: Jussen, **Die Franken**
2802: Stekeler-Weithofer, **Sprachphilosophie**
2803: Sieroka, **Philosophie der Physik**
2806: Newen, **Philosophie des Geistes**
2808: Tetens, **Wissenschaftstheorie**
2824: Rentsch, **Philosophie des 20. Jahrhunderts**
2825: Mombauer, **Die Julikrise**
2826: Schnettger, **Der Spanische Erbfolgekrieg**
2827: Seidensticker, **Islamismus**
2828: Ubl, **Die Karolinger**
2829: Vocelka, **Sisi**
2830: Vogtherr, **Die Welfen**
2832: Demel/Schraut, **Der deutsche Adel**
2833: Kossert, **Ostpreußen**
2835: Schieder, **Benito Mussolini**